PRINCIPES RAISONNÉS
DU PAYSAGE,

A L'USAGE DES ÉCOLES DES DÉPARTEMENS

DE L'EMPIRE FRANÇAIS,

DESSINÉS D'APRÈS NATURE

Par N. Al. Michel MANDEVARE, Membre de l'Athénée des Arts,

DÉDIÉS A M. FOURCROY,

Conseiller-d'État, Directeur-Général de l'Instruction Publique.

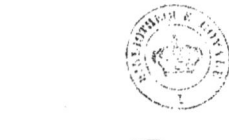

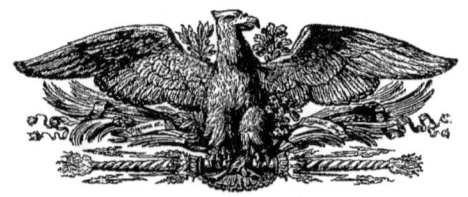

PARIS,

Chez M. BOUDEVILLE, Éditeur, rue Saint-Pierre-Montmartre, Nº. 8.

DE L'IMPRIMERIE DE GILLÉ.

1804.

A Monsieur FOURCROY,

Conseiller-d'État,

DIRECTEUR-GÉNÉRAL DE L'INSTRUCTION PUBLIQUE.

MONSIEUR,

MULTIPLIER les moyens d'instruction, les rendre à-la-fois plus sûrs et plus rapides, c'est acquérir des droits à votre bienveillance et à votre appui. Vous avez vous-même accéléré la marche des Sciences par de nombreux et importans ouvrages, vous pouvez rendre aux Arts le même service, en accueillant les productions qui ont pour objet d'applanir les premières difficultés que présente leur étude; veuillez donc agréer l'hommage que nous avons l'honneur de vous faire des Principes raisonnés du Paysage, à l'usage des Écoles des Départemens de l'Empire français, au moyen desquels les Élèves pourront facilement, et en très-peu de temps, se mettre en état de dessiner d'après nature, ce maître universel que tous les autres admirent, d'autant plus qu'ils ont des talens plus éminens pour la rendre. Permettez aussi que ces Principes élémentaires soient décorés de votre NOM en paraissant sous vos auspices.

Les Auteurs ne négligeront rien pour se rendre dignes de cette faveur, si vous daignez encore leur accorder celle de se dire publiquement

Vos respectueux serviteurs,

N. M. Michel Mandevare; Boudeville, Éditeur.

AVIS DE L'ÉDITEUR.

Parmi les styles différens dont on peut traiter le Paysage, il faut en distinguer deux principaux : le style héroïque et le style pastoral ou champêtre. On comprend sous le style héroïque tout ce que l'art et la nature présentent aux yeux de plus majestueux et de plus grand. On y admet des points de vue merveilleux, des temples, des sépultures antiques, des palais enchantés dont la structure et la magnificence excitent et commandent notre admiration. Dans le style champêtre, la nature est représentée toute simple et sans art, souvent même avec cette négligence qui fait sa parure et sa beauté.

Mais outre les agrémens du Paysage, quels avantages ne procure-t-il pas aux jeunes personnes que leur éducation met à portée de le cultiver? combien d'heures employées utilement pour elles, dans une occupation aussi agréable que peu fatigante !

La plupart des ouvrages qui appartiennent à leur sexe, ne peuvent se passer des secours que ce genre leur fournit. Une fleur, une feuille, un ornement qu'on veut faire entrer dans une broderie, demandent un dessin correct, facile, élégant; et quant aux jeunes gens destinés aujourd'hui, par la constitution de notre Gouvernement, à servir l'Etat pendant un certain tems dans les armées, nul doute qu'il ne leur soit très-utile de se livrer de bonne heure à cette étude. Le génie militaire et civil exige impérieusement que le jeune élève qui s'y destine, ait acquis déjà une grande facilité dans la pratique du dessin du Paysage. Et combien d'autres états qui ne peuvent être exercés avec succès, si l'on ignore les principes de cette partie intéressante de la peinture! Tout invite donc, attrait, plaisir, utilité, à les étudier avec ardeur.

Personne n'ignore que dans un art quelconque, les principes ne facilitent les progrès de l'étude qu'on est obligé d'en faire. C'est la connaissance des principes qui dirige la marche du génie, fixe ses incertitudes, en règle le goût et le sentiment. Ceux qui jugent d'un ouvrage par règle, dit Pascal, sont, à l'égard des autres, comme ceux qui ont une montre, à l'égard de ceux qui n'en ont pas, quand il s'agit de savoir l'heure qu'il est. L'expérience nous apprend tous les jours que l'homme guidé par les principes, opère avec bien plus de facilité et de justesse que celui qui a négligé de s'en instruire. Leur nécessité démontrée a engagé beaucoup d'artistes à publier des dessins qu'ils ont décorés du titre d'Élémens de Paysage. Mais comment se fait-il que, dans un tems où toutes les sciences sont cultivées avec tant de succès, on n'a pu rencontrer encore un ouvrage élémentaire sur cette matière, où les principes soient développés d'une manière méthodique? car ce ne sont pas des ouvrages élémentaires, ceux où l'on trouve des groupes de cabanes, des arbres d'une grande dimension, des villages et même des forêts entières. La marche de l'esprit humain pour acquérir des connaissances, n'est-elle pas de passer du simple au composé? Et comment un élève, dont la main, pour ainsi dire, n'est pas encore dénouée, pourra-t-il décomposer des originaux aussi compliqués, lorsque les yeux et la main de l'artiste le plus exercé peuvent à peine en saisir avec facilité les masses et les contours? Pour acquérir la correction et l'élégance du dessin, sur-tout dans le Paysage, dont les effets dépendent souvent de ces traits légers et fugitifs qui semblent échapper aux yeux, il faut donc que la main de l'élève s'exerce sur des sujets extrêmement simples, qui ne forcent pas son imagination à se fixer sur plusieurs objets à la fois; et lorsqu'il sera parvenu à se rendre familiers tous les élémens de cet art, il pourra réunir avec justesse et promptitude plusieurs parties, pour en former un tout agréable et pittoresque.

C'est pour remplir un pareil but, que nous faisons paraître aujourd'hui ces nouveaux Élémens de Paysage, qui ne ressemblent en rien à ceux qu'on a donnés jusqu'ici au public. La méthode rigoureuse qu'on emploiera, la simplicité des principes qui y seront exposés, la marche analytique qu'on aura le plus grand soin d'observer, mettront en état l'élève le moins intelligent qui les aura étudiés avec application, seulement pendant six mois, de dessiner d'après nature. On en a écarté tout ce qui rebute d'ordinaire les commençans; on les mènera par une route sûre et facile, et en peu de tems ils seront étonnés eux-mêmes des progrès rapides qu'ils auront faits dans un art qui procure tant de jouissances et d'avantages à ceux qui le cultivent.

Cet ouvrage, exécuté à la manière du crayon, renfermera d'abord différentes espèces d'arbres, soit exotiques, soit indigènes. On aura soin de les présenter sous leur aspect pittoresque; on détachera de chacun d'eux quelques masses qui en indiqueront le caractère et le feuillé; on expliquera la manière dont il faut s'y prendre pour les exécuter avec le plus de justesse et de précision possibles. On figurera aussi l'arbre dépouillé de ses feuilles, pour en faire connaître le branchage. Ces études seront entremêlées de rochers, de cabanes, de fabriques, de plantes pittoresques de toute espèce, d'effets d'eau et de lumière; enfin, de tout ce qui rend la composition du paysage si agréable. Ces différens objets seront analysés avec le plus grand soin, pour en rendre l'étude et l'imitation plus faciles.

La perfection à laquelle on espère porter cet ouvrage, le rendra utile même aux artistes qui y trouveront le caractère des arbres dont ils pourraient avoir besoin, rendu avec la plus grande fidélité et l'exactitude la plus rigoureuse. On a fait choix des meilleurs graveurs de ce genre, pour ne rien laisser à desirer à cet égard.

Les livraisons s'en feront par cahiers : il en paraîtra un tous les mois ; les quatre premiers seront en deux formats, *in-folio* et *in-4°*. Chaque cahier *in-folio* sera composé de quatre planches et d'une feuille explicative du texte. Chaque planche contiendra deux leçons. Le format *in-4°*. que l'on a cru devoir aussi adopter pour la commodité des élèves, renfermera huit planches et une feuille explicative du texte. Chaque planche contiendra une leçon.

Les quatre premières livraisons paraîtront dans l'espace de six semaines, à dater du 5 frimaire an 13, et les autres successivement de mois en mois. Néanmoins les personnes qui voudront se procurer les quatre premières livraisons ensemble, pourront en faire l'acquisition de suite aux adresses ci-dessous.

Le prix de chaque livraison sera de 3 francs pour Paris, et de 4 francs pour les Départemens. Papier vélin, 4 francs 50 cent. ; et 5 francs 50 cent., franc de port, pour les Départemens.

On souscrit pour cet ouvrage, à Paris, chez M. BOUDEVILLE, éditeur, rue St.-Pierre Montmartre, n°. 8; chez MARTINET, libraire, rue du Coq St.-Honoré; chez LE NORMAND, rue des Prêtres St.-Germain l'Auxerrois; ainsi que chez tous les libraires et marchands d'estampes.
A Mayence, chez LE ROUX, libraire.

Les Souscripteurs sont priés d'affranchir le port des lettres et de l'argent.

EXPLICATION

DES PRINCIPES CONTENUS DANS LE PREMIER CAHIER.

PREMIÈRE PLANCHE.

Il est nécessaire de bien comprendre que les huit parties demi-circulaires, figurées dans cette première planche, ne sont que pour donner à l'étudiant les premières notions de la réunion de trois, quatre, cinq ou six feuilles, et pour qu'il puisse saisir avec plus de facilité, dans la nature, cet espèce de principe géométrique, qui démontre que la masse des feuilles de certains arbres, vue de face, offre assez généralement cette figure demi-circulaire.

On observe qu'il ne faut point se servir de règle, ni de compas; ainsi, il sera suffisant d'en tracer l'indication à vue et le plus régulièrement qu'il se pourra.

DEUXIÈME PLANCHE.

Lorsque l'on se sera fait une habitude de placer les formes indiquées dans la première planche, on fera de son mieux pour les préciser avec facilité et le plus exactement possible, comme on le voit à la ligne C. On tâchera, passant à la ligne D, de ne point perdre de vue la même exactitude; cette ligne commençant à indiquer les contours que présentent les masses de feuilles, particulièrement celles du noyer et du marronier. La main une fois placée, il faut faire son possible pour exécuter du même trait de crayon plusieurs de ces contours. Ils doivent être tracés par le mouvement des doigts de gauche à droite, et de droite à gauche, avec liberté. Il faut suivre cette même indication pour exécuter la ligne C.

TROISIÈME PLANCHE.

De la ligne E.
Maintenant que l'on connaît la formation des feuilles indiquées dans les deux premières planches, il faut simplement se borner à imiter cet exemple, toujours de gauche à droite et de droite à gauche, en ne perdant pas de vue les leçons précédentes. Cela obtenu, on passera à la ligne F où tous les contours sont indiqués, pour pouvoir faire sentir le véritable aspect qu'offrent des masses de feuilles vues à quelques distances.

QUATRIÈME PLANCHE.

On remarquera que chacune des masses ici réunies, sont à-peu-près les mêmes que celles tracées à la planche précédente, indiquée par la ligne F, et que plusieurs ainsi réunies les unes sur les autres, forment un groupe de masse, qui, prolongé en y ajoutant des branches et un tronc, présenteraient un arbre. Ce que doit démontrer la suite de cet ouvrage. D'après cette observation, on sentira qu'il est nécessaire de s'accoutumer à faire avec facilité ladite ligne F, avant de passer à cet exemple.

Pour parvenir à exécuter cette leçon avec quelque liberté, il faut commencer par la masse marquée A, puis celle B, et ainsi de suite, les unes après les autres, toujours commençant de gauche à droite, et de droite à gauche, en observant de faire le plus de contours possibles, sans quitter le crayon et cherchant à imiter l'original.

CINQUIÈME PLANCHE.

Suivre ce qui a été dit pour la planche précédente. Celle-ci et les suivantes ne sont ainsi répétées que pour amener à un résultat de masse et bien exercer la main.

SIXIÈME PLANCHE.

Voir ce qui a été dit à la planche quatrième, sur la manière de faire ces masses.

SEPTIÈME PLANCHE.

Ces petites masses de feuilles sont pour donner une idée de celles excédantes les grandes, et qui se détachent souvent sur le ciel, soit en clair ou en coloré. Elles sont faites de droite et de gauche, toujours pour donner aux doigts la souplesse nécessaire pour réussir.

HUITIÈME PLANCHE.

Cette planche contient plusieurs masses de feuilles de côté. Étant vue de profil, elle se présente à l'œil sous un aspect plus alongé que celle en face, ainsi qu'on le voit indiqué dans cet exemple.

Pour exécuter cette leçon, il faut suivre le même procédé qui est indiqué à la quatrième planche, c'est-à-dire plusieurs contours sans quitter le crayon.

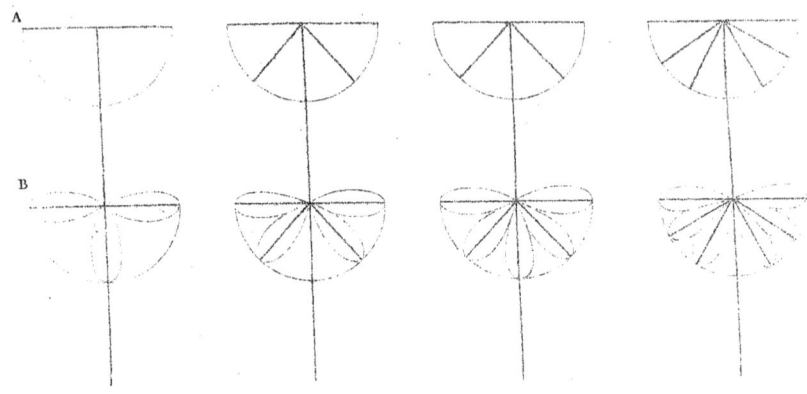

A

B

1.ᵉ Planche du Premier Cahier.

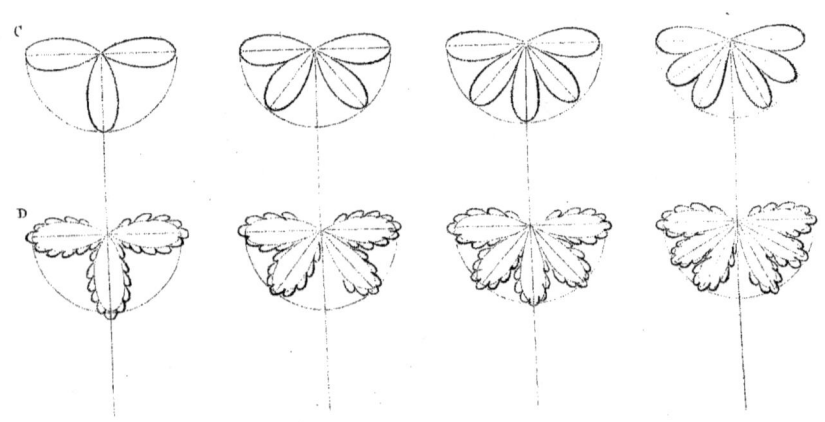

C

D

2.ᵉᵐᵉ Planche du Premier Cahier.

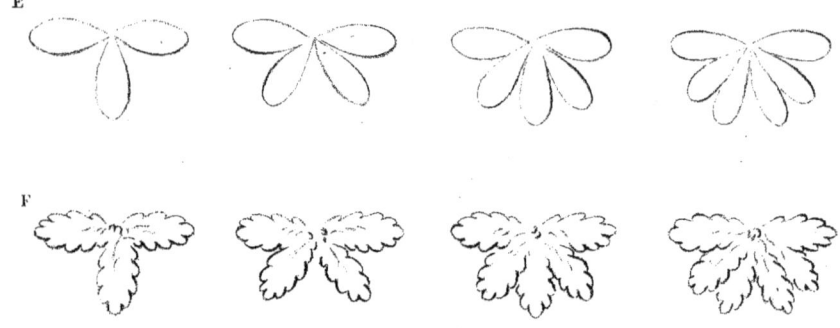

3. *Planche du Premier Cahier*

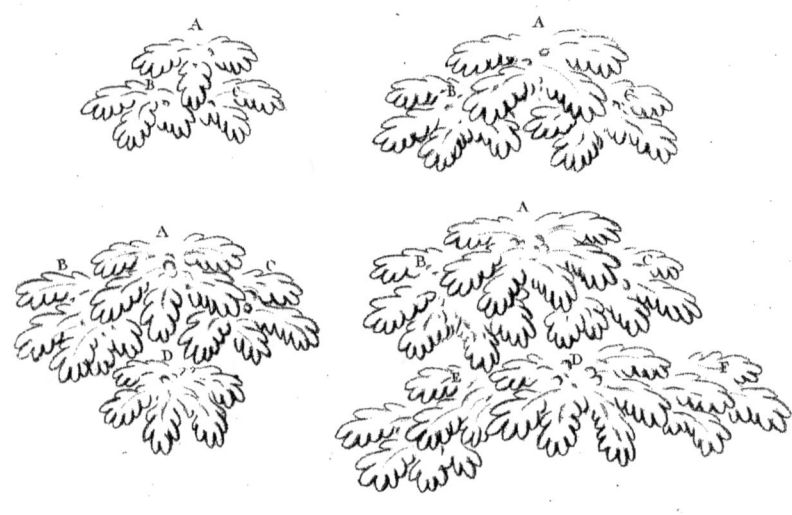

4. *Planche du Premier Cahier*

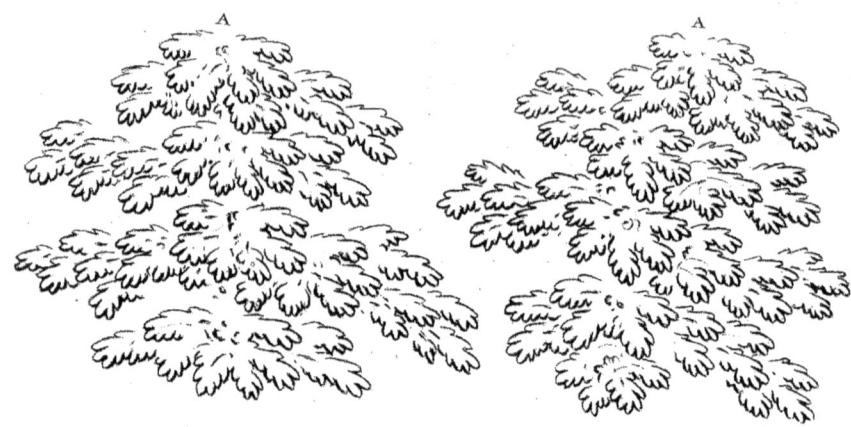

5.ème Planche du Premier Cahier.

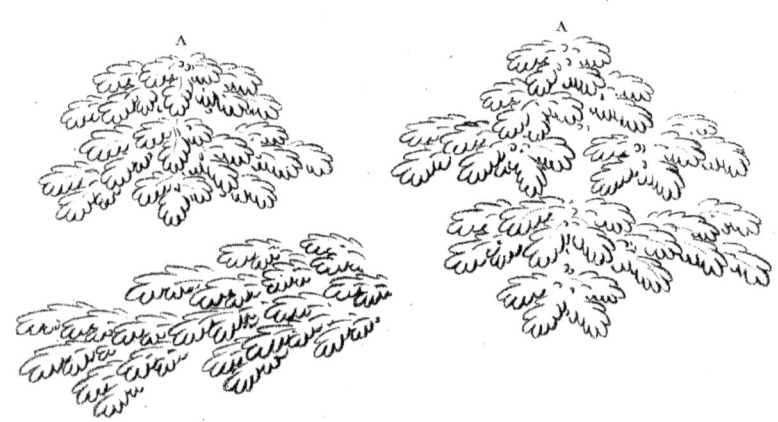

Première masse de côté.

6.ème Planche du Premier Cahier.

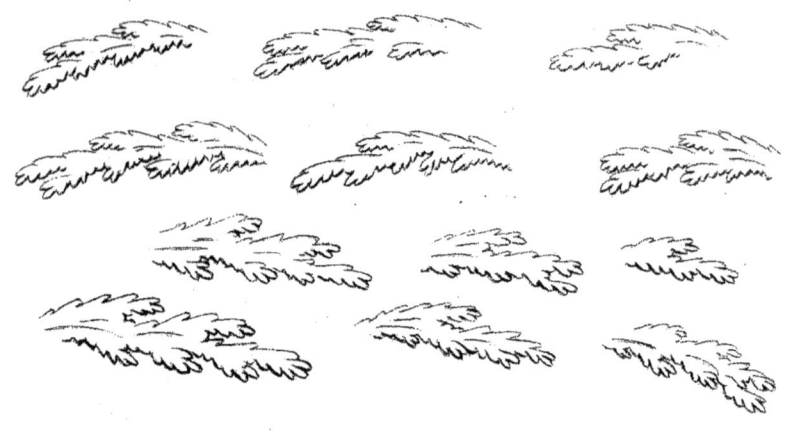

7. Planche du Premier Cahier.

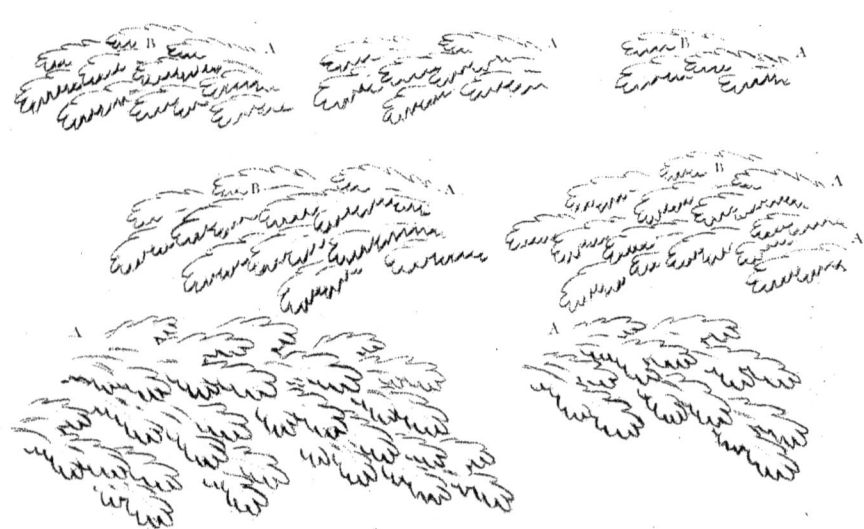

8. Planche du Premier Cahier.

EXPLICATION

DES PRINCIPES CONTENUS DANS LE DEUXIÈME CAHIER.

PREMIÈRE PLANCHE.

Comme il est de la plus grande nécessité d'acquérir de la facilité dans la main, on a répété dans cette planche, les masses de côté. Elles doivent être faites toujours par les mêmes procédés, et de la même manière que celles du premier cahier.

DEUXIÈME PLANCHE.

Cette masse de côté, étant plus compliquée, et en même-tems plus précisée que les précédentes, pour ne point s'embrouiller, l'on commencera par les masses de dessus, et ainsi de suite, et l'on ne passera point à une autre sans avoir terminé celle commencée. Il faut aussi faire son possible pour que chaque groupe de feuilles soit exécuté sans quitter le crayon, (la lettre B désigne un groupe de feuilles) ce qui mettra à même d'acquérir l'habitude et la facilité nécessaires pour parvenir; car il faut bien se pénétrer que la main n'est que l'exécutrice du goût et de la pensée, en ne s'écartant jamais du vrai but, qui est celui de l'imitation de la nature.

TROISIÈME PLANCHE.

Ces masses sont, à-peu-près, les mêmes que celles tracées dans la première planche de ce cahier. La différence qui doit s'y remarquer est, qu'étant vues plus de profil, elles doivent être plus alongées.

La lettre A indique par où il faut commencer.

QUATRIÈME PLANCHE.

Voyez ce qui a été dit à la planche précédente.

CINQUIÈME PLANCHE.

Cette planche et les trois suivantes, présentent différentes masses de feuilles, vues de dessous et par conséquent privées entièrement de lumières. Afin d'être plus intelligibles, on a, à-peu-près, conservé les mêmes contours qui sont indiqués à la troisième planche du premier cahier, et désignés par la lettre F.

Pour parvenir à faire ce genre de masse, il faut se servir d'un crayon moelleux, et assez large, pour que chaque feuille soit faite d'un seul coup de crayon, et plusieurs sans se reprendre, autant qu'il sera possible, toujours en commençant de gauche à droite et de droite à gauche, ainsi qu'il a été déjà dit.

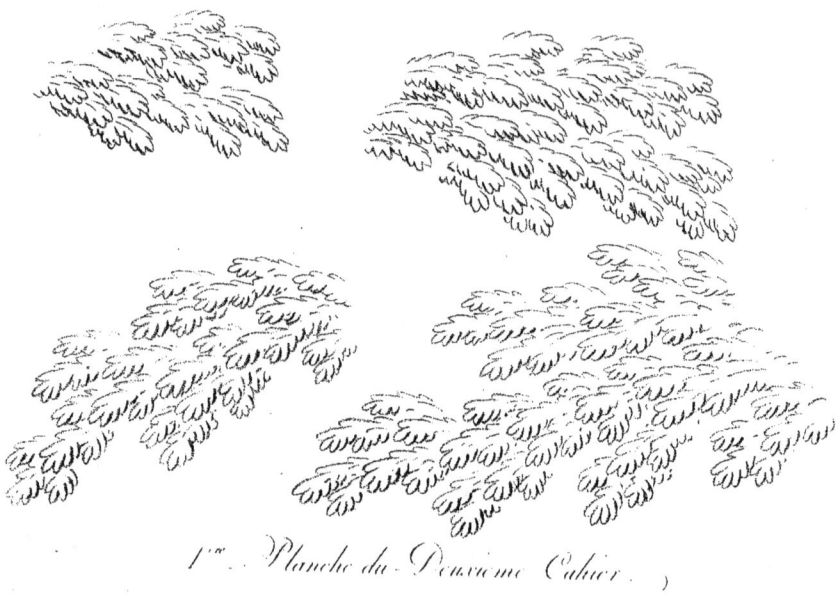

1.ᵉʳ Planche du Deuxième Cahier

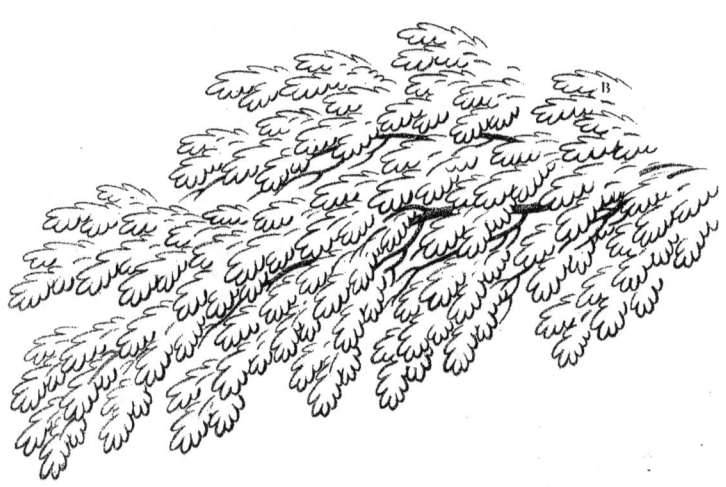

2.ᵉᵐᵉ Planche du Deuxieme Cahier

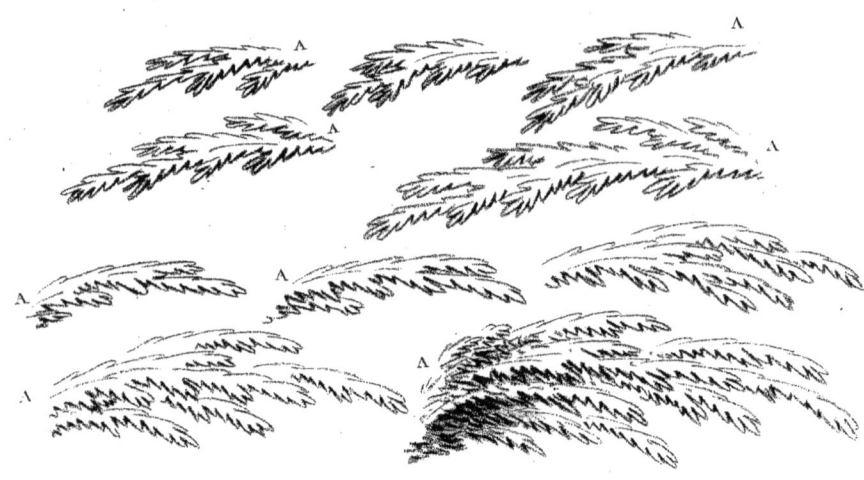

3.eme *Planche du Deuxième Cahier.*

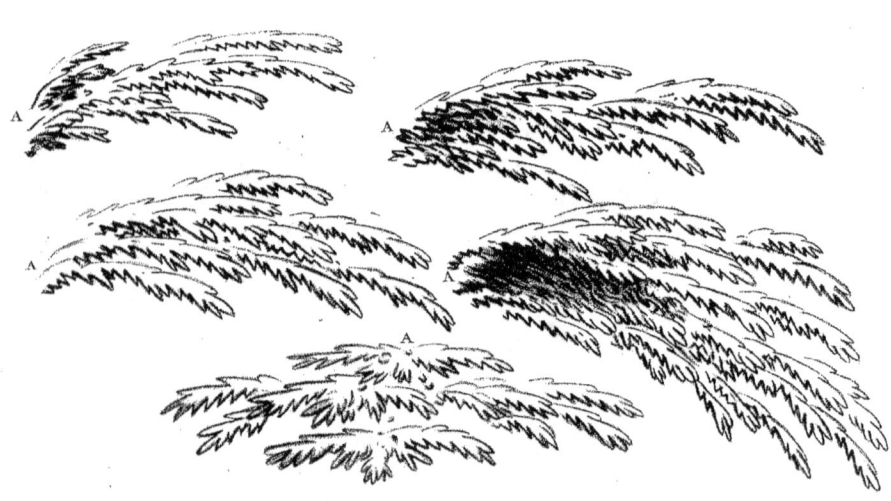

A. *Masses vues de face et en raccourcis.*

4.me *Planche du Deuxième Cahier.*

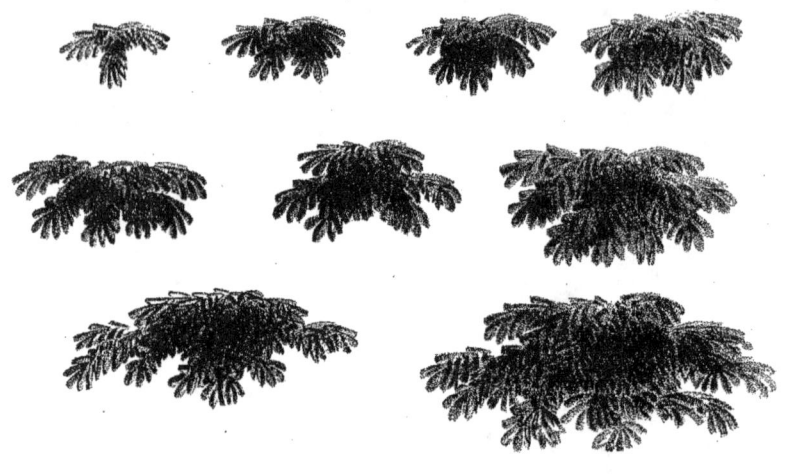

5ᵉᵐᵉ Planche du Deuxieme Cahier

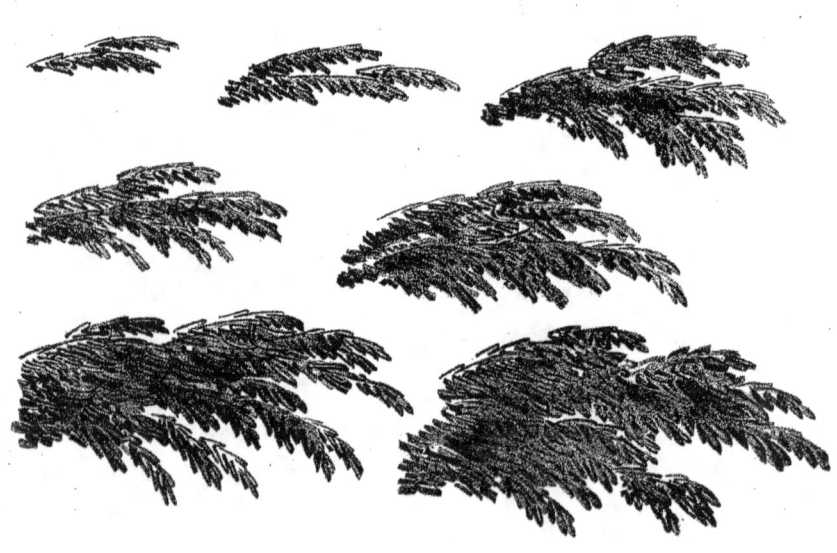

6ᵉⁿᵘ Planche du Deuxieme Cahier

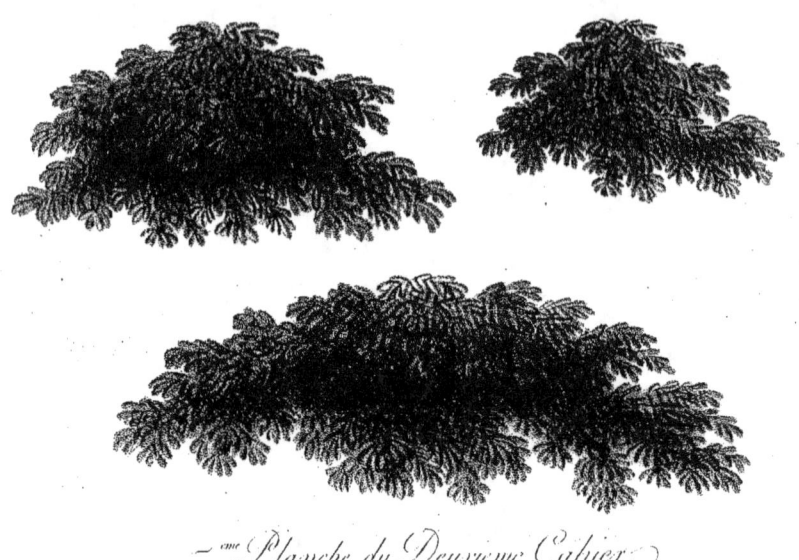

7.me Planche du Deuxieme Cahier.

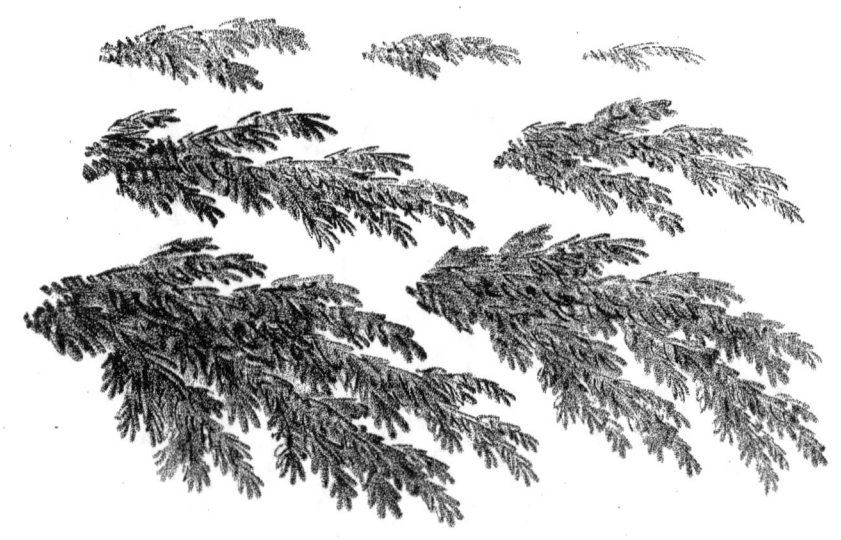

8.eme Planche du Deuxieme Cahier.

EXPLICATION

DES PRINCIPES CONTENUS DANS LE TROISIEME CAHIER.

PREMIÈRE ET DEUXIÈME PLANCHES.

Pour ces deux premières planches, voyez ce qui a déjà été dit précédemment pour ces sortes de masses.

TROISIÈME PLANCHE.

Pour mieux faire comprendre l'effet que peuvent produire les premiers dessous, indiqués dans cette planche, on a répété ici la quatrième du premier cahier. Par conséquent il faut suivre le procédé déjà indiqué pour tracer ces masses, et placer ensuite les ombres, comme on les voit, et de la manière qui a été déjà indiquée pour les masses de dessous

QUATRIÈME PLANCHE.

Pour peu qu'on veuille y faire attention, il sera aisé de voir que cette planche, et les quatre dernières de ce cahier, sont en grande partie, le résultat nécessaire de toutes celles qui ont été présentées jusqu'ici. Il faut donc pour réussir à copier les originaux, avec succès, être parvenu à faire facilement les précédentes.

CINQUIÈME PLANCHE.

Afin de donner le plus de facilité possible à l'élève, on a cru devoir terminer progressivement ces quatre dernières planches, et la dernière seule doit être regardée comme finie.

Pour parvenir à copier cet exemple et les trois suivants, il faut commencer par les mettre ensemble, c'est-à-dire placer légèrement et avec le plus de justesse possible, chaque groupe de masse; ensuite on cherchera à les préciser de la manière qui a été indiquée dans les quatre dernières planches du premier cahier, et la première du deuxième; puis on placera les premières ombres comme on les voit marquées dans les deux planches précédentes et ainsi progressivement, comme les exemples le présenteront

On ne poussera pas plus loin ces indications; on croit par ce qui a été dit précédemment, avoir fourni suffisamment d'exemples, pour aider les dispositions et le goût qu'exige le dessin, et prouver la facilité que ces principes peuvent procurer. Il ne reste plus qu'à engager l'élève à copier avec attention les exemples présentés successivement dans le cours de cet ouvrage, et qui s'enchaîneront toujours de manière à ce que les uns soient une conséquence nécessaire de ceux qui auront précédé et de ceux qui doivent suivre.

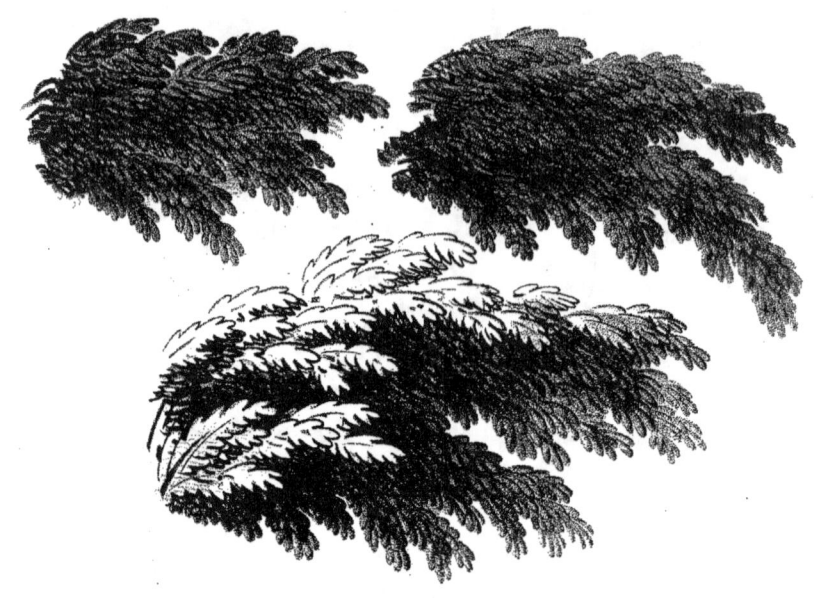

1ere Planche du Troisieme Cahier.

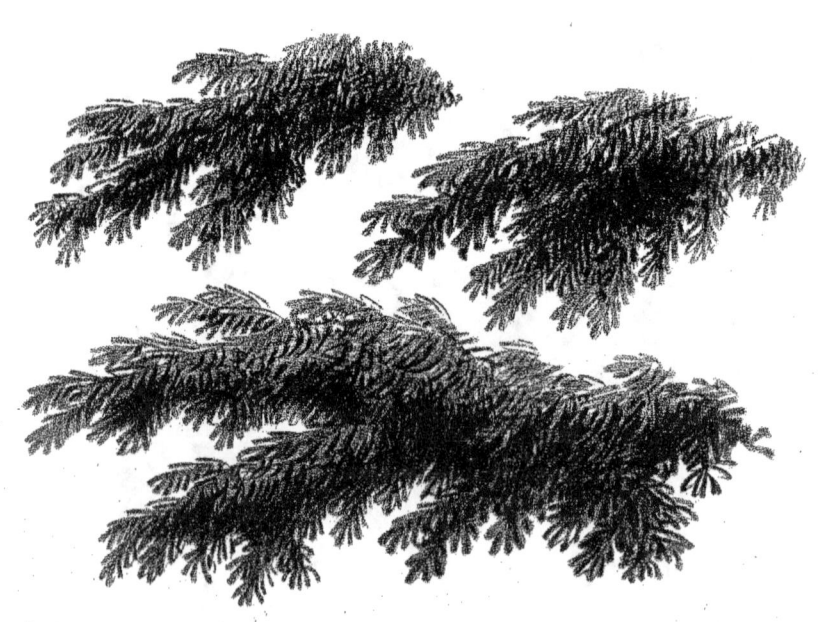

2eme Planche du Troisieme Cahier.

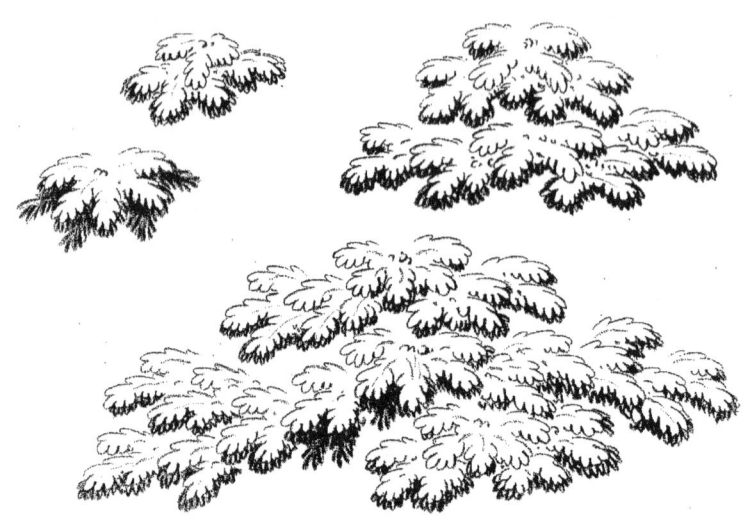

3ᵉᵐᵉ Planche du Troisieme Cahier.

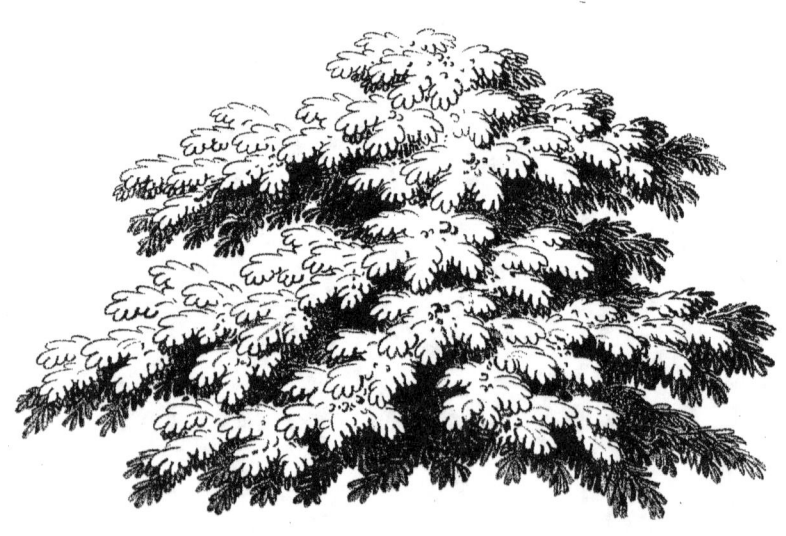

4ᵉᵐᵉ Planche du Troisieme Cahier.

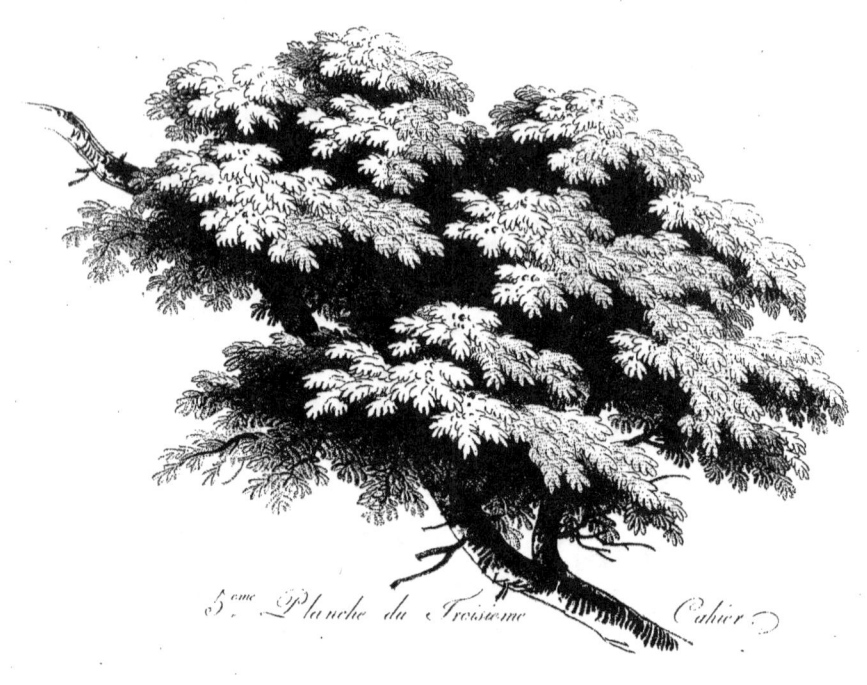

5.ᵉᵐᵉ Planche du Troisieme Cahier

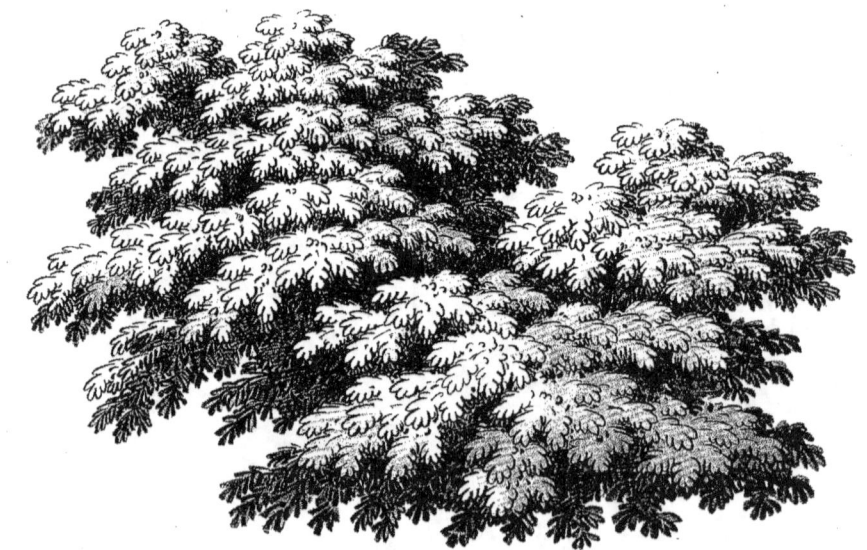

6.ᵉᵐᵉ Planche du Troisieme Cahier

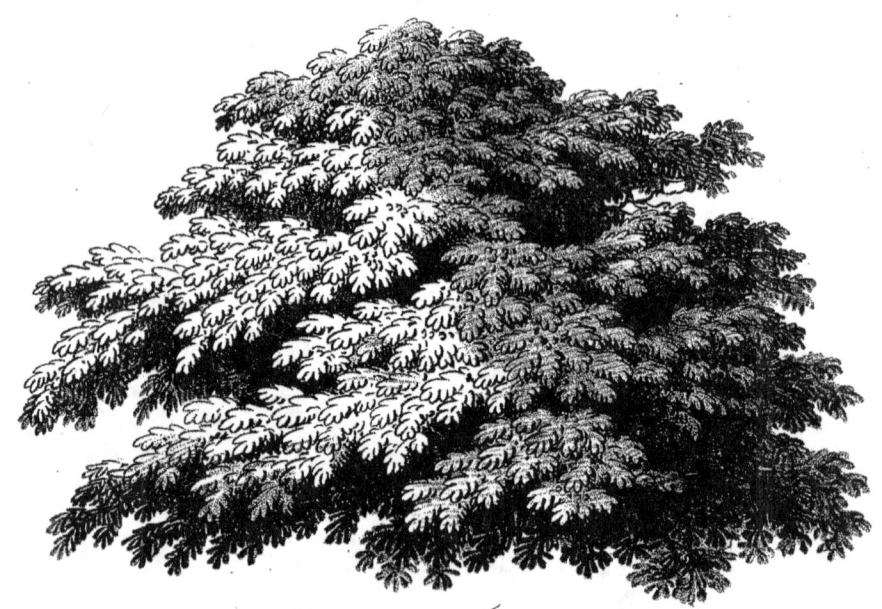

7.ᵉᵐᵉ Planche du Troisième Cahier.

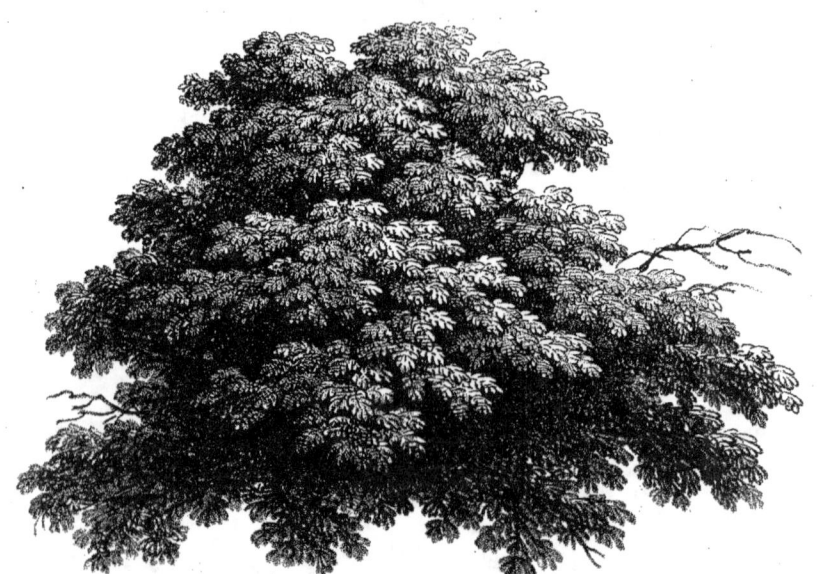

8.ᵉᵐᵉ Planche du Troisième Cahier.

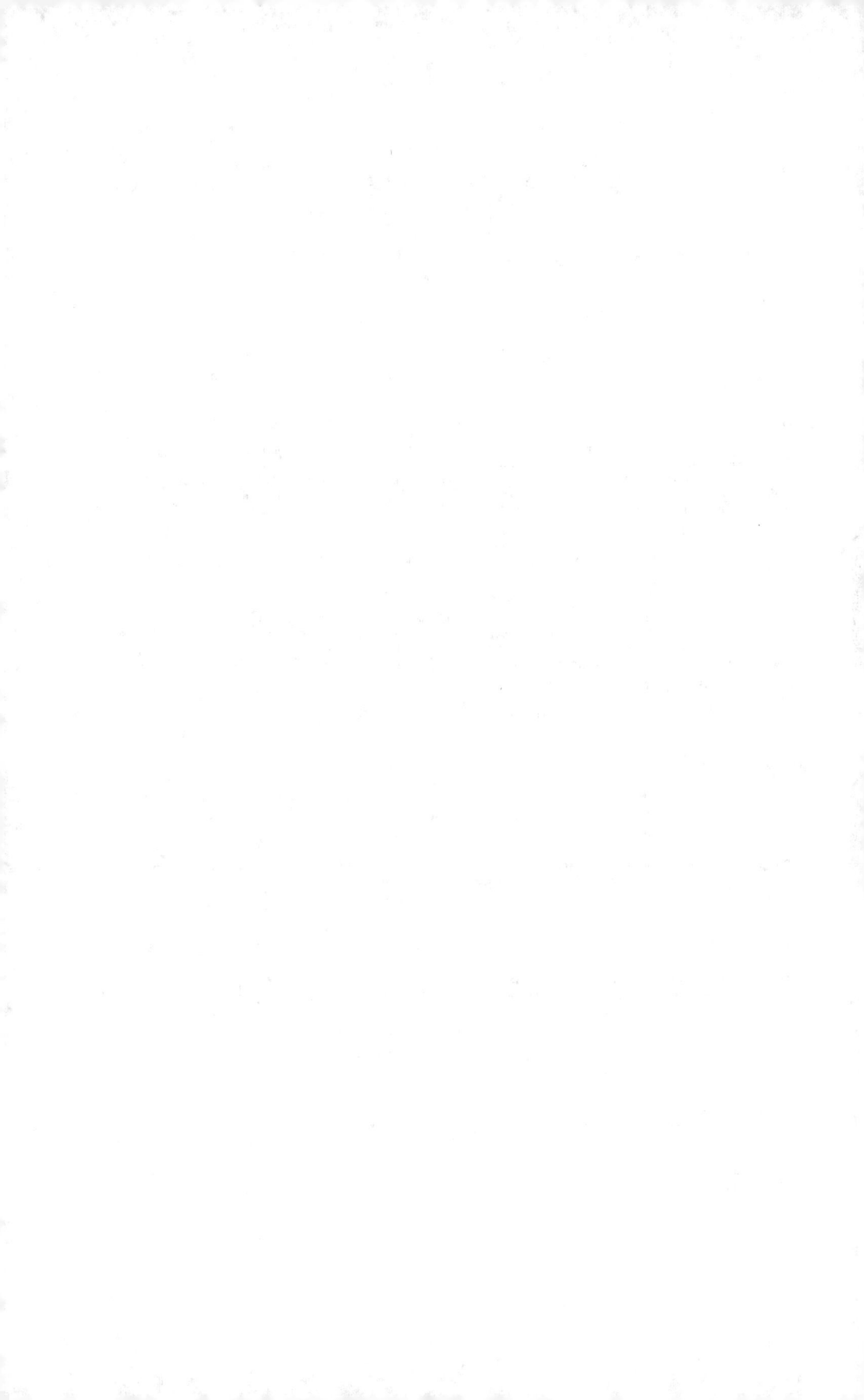

EXPLICATION

DES PRINCIPES CONTENUS DANS LE QUATRIEME CAHIER.

———————————

Comme nous nous sommes promis d'épargner, autant que possible, l'ennui, que causent tous les commencements, toutefois sans nous écarter du principe que nous avons adopté dans cet ouvrage, qui est de marcher progressivement, et, de plus, voulant mettre l'élève à même d'apprécier la justesse de ces nouveaux principes; pour remplir ce but, nous avons composé ce quatrième cahier de plusieurs troncs d'arbres garnis de quelques feuilles, ainsi que de deux petits arbres et un grand. Nous espérons néanmoins qu'il n'abusera point du plaisir que nous cherchons à lui procurer en avançant ses jouissances, et qu'il n'étudiera pas avec moins de zèle les troncs d'arbres qui feront le motif du cinquième cahier.

PREMIÈRE PLANCHE.

On commencera par mettre ce tronc d'arbre ensemble de la même manière qu'il a été indiqué à la troisième planche du troisième cahier; puis on formera le trait avec exactitude, et on indiquera les détails, avant de passer aux principales masses d'ombres, ainsi qu'aux touches plus fermes. Il faut se servir d'un crayon moelleux et un peu gros, le tailler le moins possible, et s'accoutumer à faire les touches fines avec la carne du crayon, afin d'obtenir le large et le faire gras que présente l'original.

DEUXIÈME PLANCHE.

Suivre pour ce tronc d'arbre, la même indication que pour le précédent.

TROISIÈME ET QUATRIÈME PLANCHES.

Ces deux planches présentent chacune un tronc d'arbre, garni de quelques groupes de feuilles. Pour l'exécution, il faut employer le même procédé indiqué pour les deux premiers, et faire les masses de feuilles comme il est dit dans les cahiers qui y sont relatifs.

CINQUIÈME ET SIXIÈME PLANCHES.

Il faut mettre ensemble ces deux arbres de la même manière qui a été indiquée dans les leçons précédentes, et observer, après avoir arrêté son trait, de placer d'abord les premières ombres autour des masses, et d'aller ainsi progressivement jusqu'aux plus grandes masses : il est essentiel que les touches ne soient point égales, pour éviter la lourdeur qui ôte tout le charme du paysage.

DERNIÈRE PLANCHE.

Cet arbre, comme on le voit démontré, est un composé de toutes les parties qui se trouvent détachées dans les trois premiers cahiers : il n'est donc point de doute que celui qui les aura copiées avec soin, ne parvienne facilement à faire ce noyer. Les mêmes procédés indiqués ci-dessus doivent être suivis. On observera ensuite où se trouvent le plus grand clair et les plus grandes ombres, et l'on fera bien attention à leur dégradation : il faut aussi prendre garde à la manière vague et légère dont le haut, et les masses des côtés qui se détachent sur le fond, sont indiqués; sans quoi, on ne feroit qu'une besogne plate et sans effet. Enfin, il est essentiel que le goût et l'esprit se remarquent dans les touches.

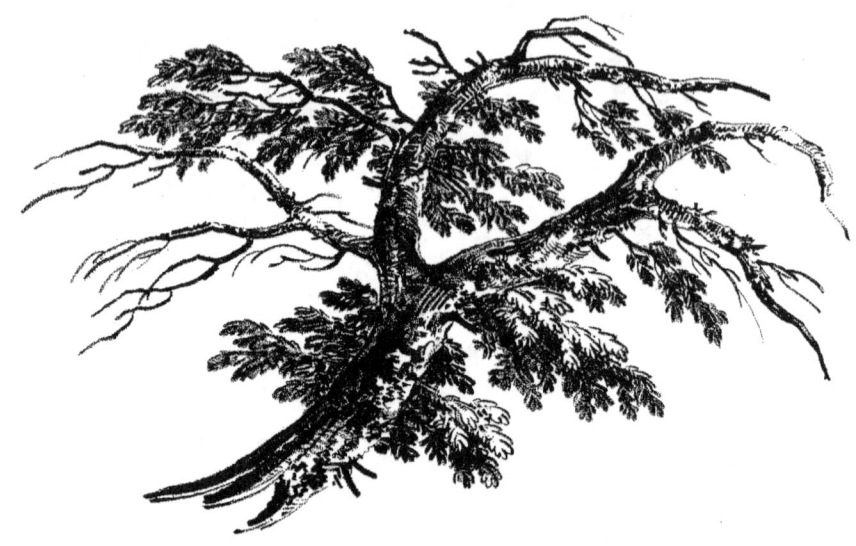

1.ᵉ Planche du Quatrieme Cahier

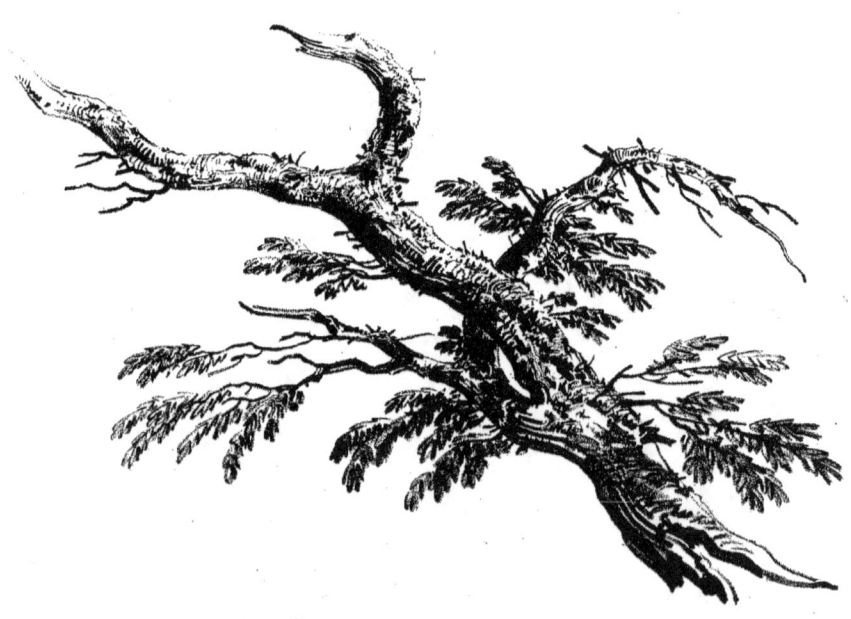

2.ᵉᵐᵉ Planche du Quatrieme Cahier

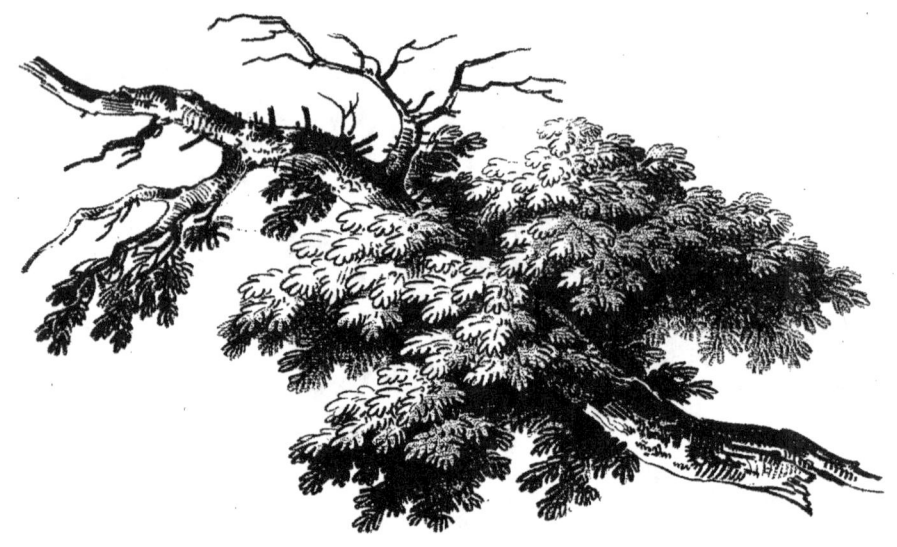

3.eme Planche du Quatrieme Cahier.

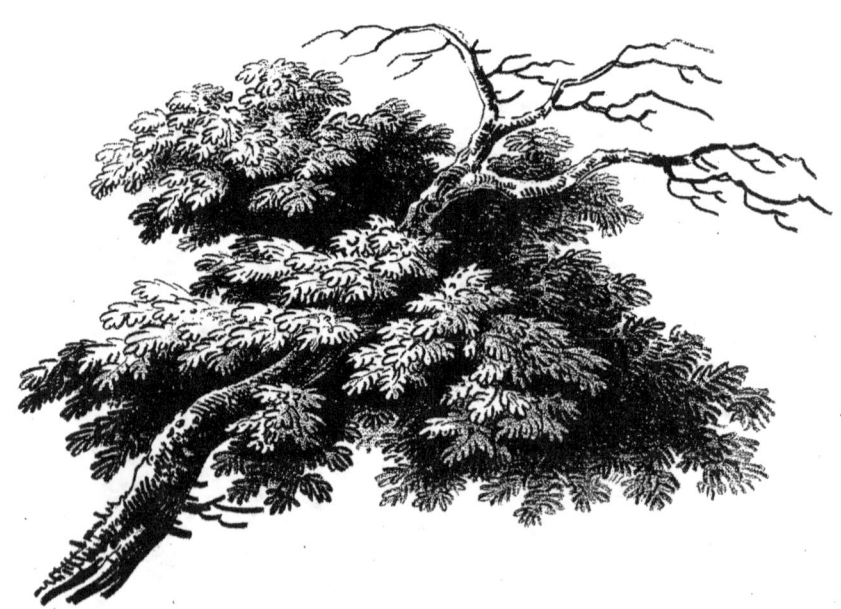

4.eme Planche du Quatrieme Cahier.

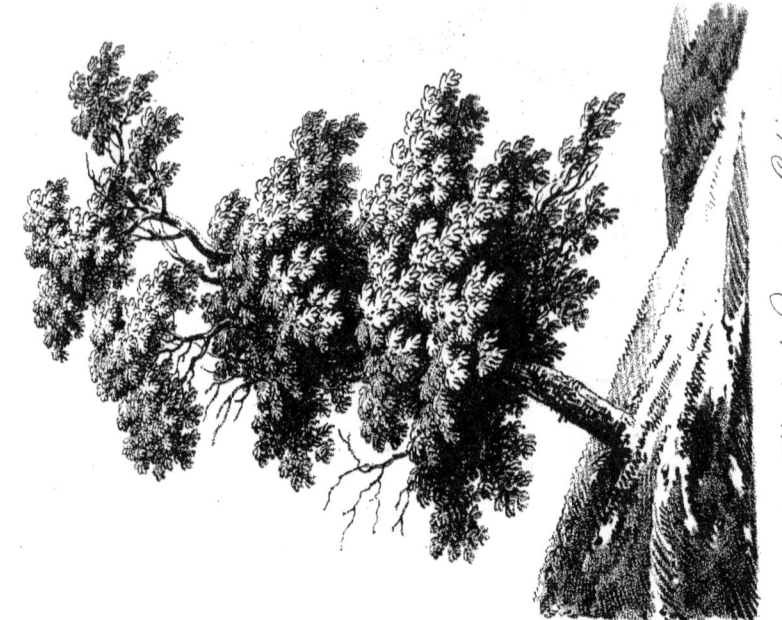

7.me Planche du Quatrieme Cahier

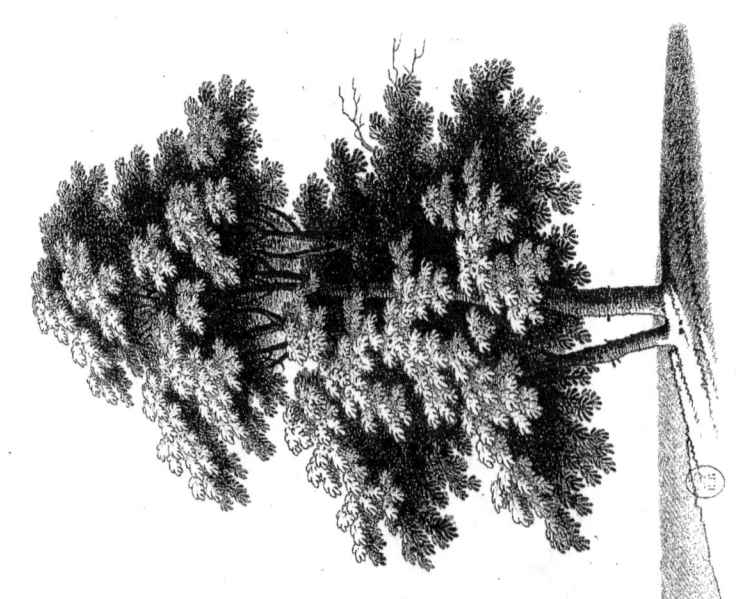

6.me Planche du Quatrieme Cahier

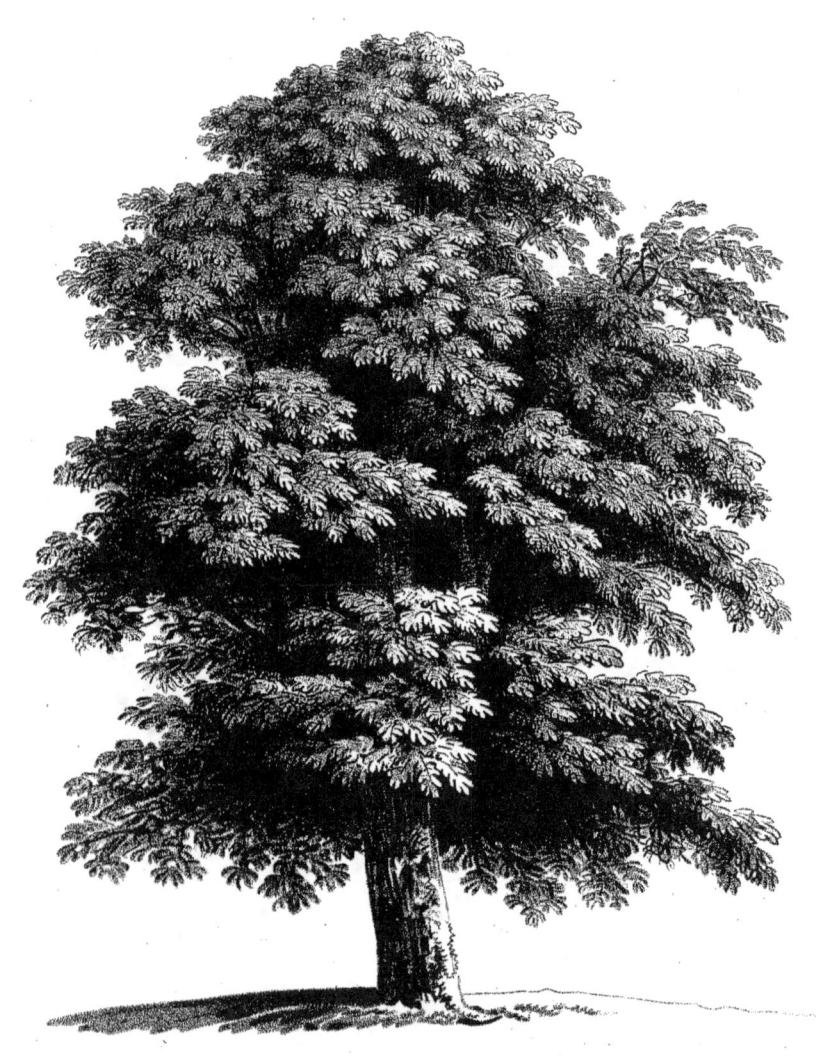

NOYER.

7.ᵉᵐᵉ & 8.ᵉᵐᵉ Planche du Quatrieme Cahier.

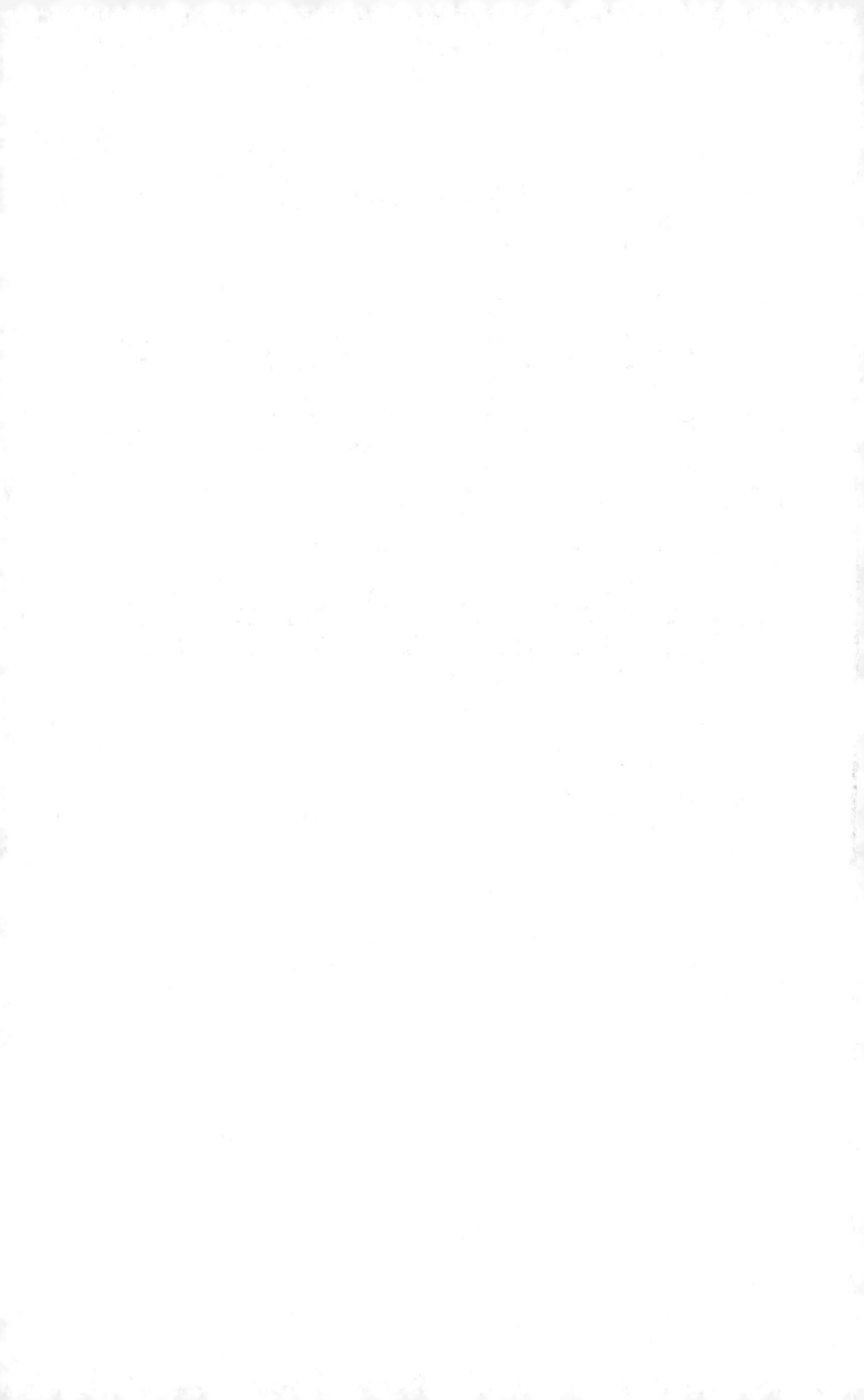

EXPLICATION

DES PRINCIPES CONTENUS DANS LE CINQUIÈME CAHIER.

L'ÉTUDE des troncs d'arbres n'étant pas la moins essentielle du Paysage, pour marcher avec méthode, nous n'avons pas cru devoir composer ce cahier, d'autres objets, et nous engageons les Élèves à les étudier avec attention. C'est de la forme qu'on donne aux troncs et de la manière de les brancher que dépend souvent l'effet des masses de feuilles qui les couvrent.

Chaque arbre a son tronc, son écorce, son branchage et son feuillé particulier qu'on doit faire sortir et distinguer en les dessinant; et quoique tous ces objets n'aient rien de précis ni de régulier dans la nature, et qu'il semble permis de les traiter à volonté, il y a pourtant un choix à faire, que le goût doit en partie diriger, choix qui ne peut être fait que par un œil exercé, et auquel on ne peut parvenir qu'en copiant beaucoup de dessins, ce qui mettra à même d'observer la nature, où se trouvent les grandes leçons.

Comme la légèreté de la main donne un grand avantage pour se perfectionner dans le dessin, c'est pour donner les moyens de l'acquérir, que l'on n'a assigné aucun caractère particulier aux troncs d'arbres contenus dans ce cahier, ce qu'on ne fera plus dans la suite de cet ouvrage.

Le même principe devant être suivi pour l'exécution de tous les troncs d'arbres de ce cahier, ce qu'on va dire doit être observé pour tous les autres.

On commencera par tracer légèrement sur le papier la place du tronc et des plus grosses branches qu'on voudra dessiner, en gardant les proportions dans les grosseurs et du tronc et des branches qui doivent toujours aller en diminuant jusqu'à leur extrémité, et garder leurs différents mouvemens. On placera ensuite les petites branches qui sont attachées aux plus grosses; et quoique l'extrême régularité ne soit pas nécessaire pour ces petites branches, il faut au moins qu'elles suivent le sens de l'original. Quand la place aura été marquée, comme il vient d'être dit, on passera au trait, et on achèvera le dessin, en faisant attention à la manière dont les touches sont mises.

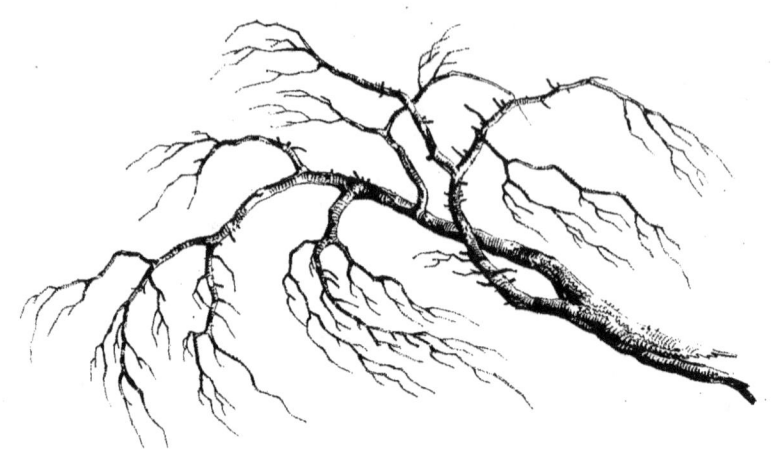

1.re Planche du Cinquieme Cahier.

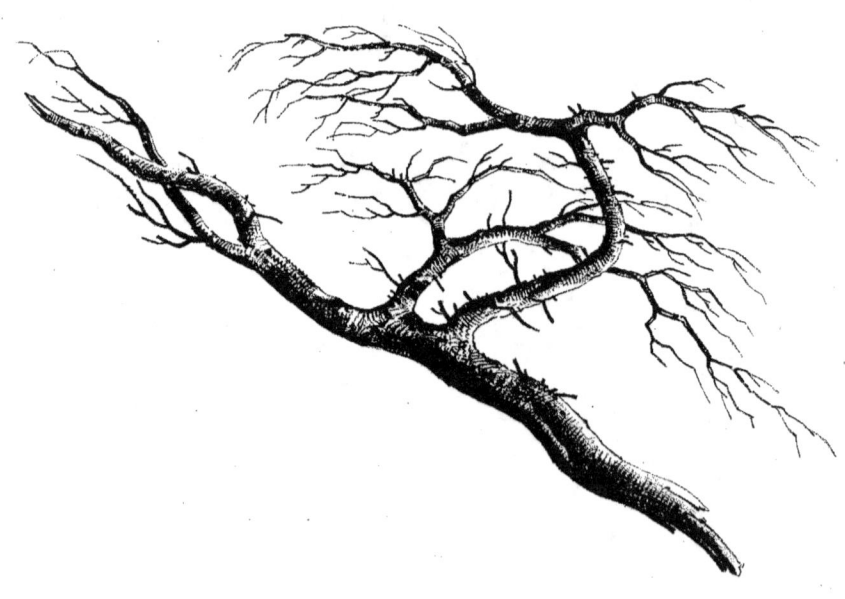

2.eme Planche du Cinquieme Cahier.

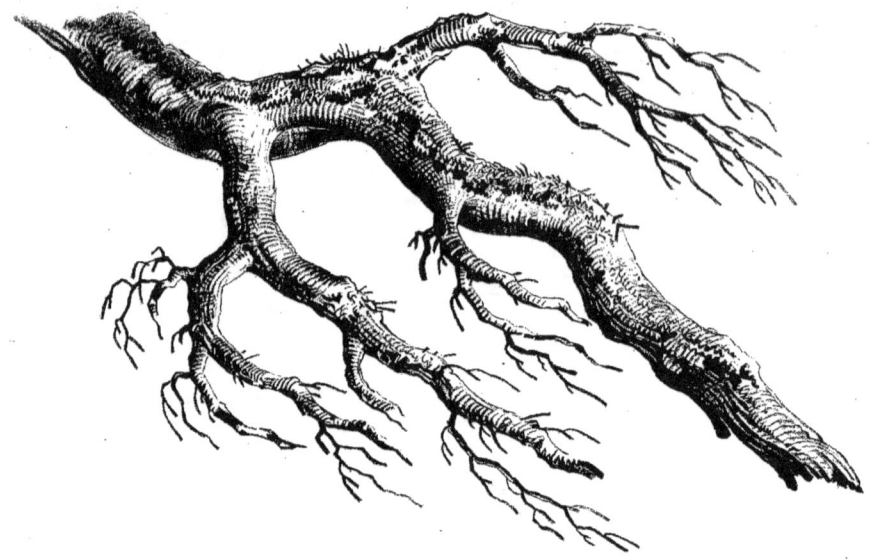

3.ᵉᵐᵉ Planche du Cinquieme Cahier

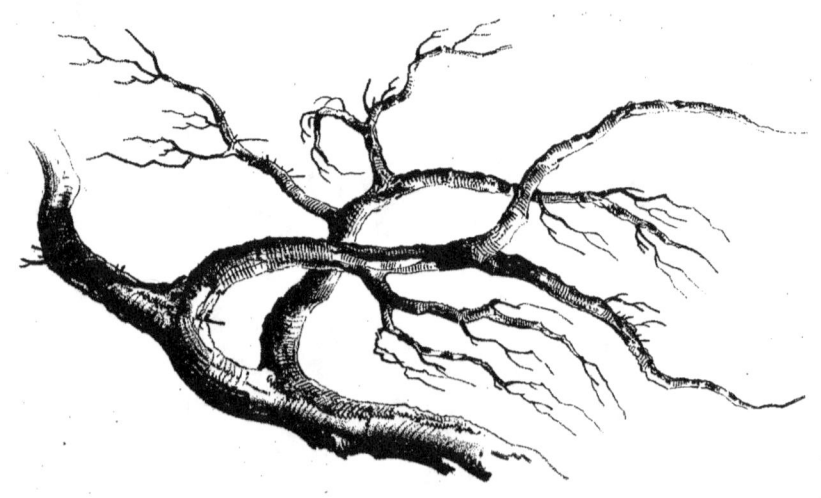

4.ᵉᵐᵉ Planche du Cinquieme Cahier

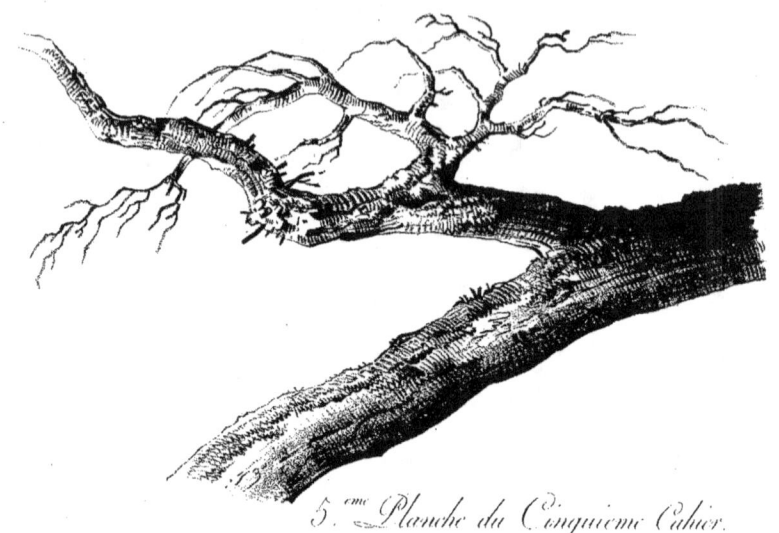

5.eme Planche du Cinquieme Cahier.

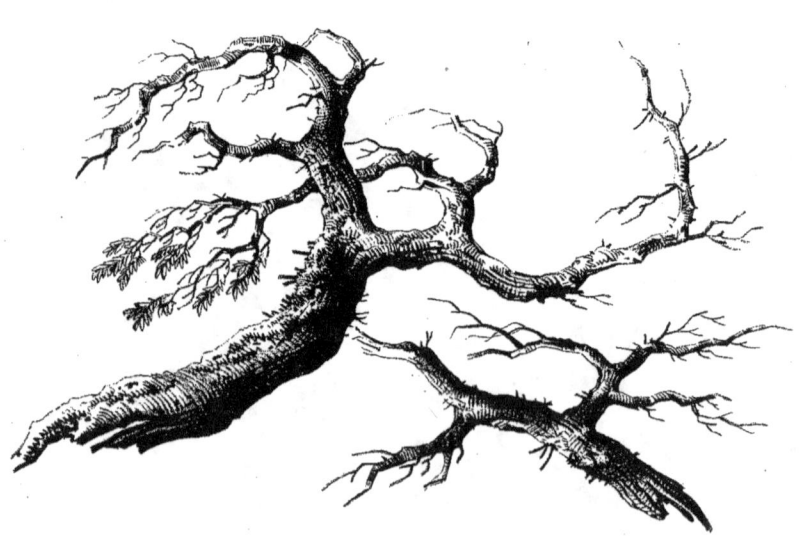

6.eme Planche du Cinquieme Cahier.

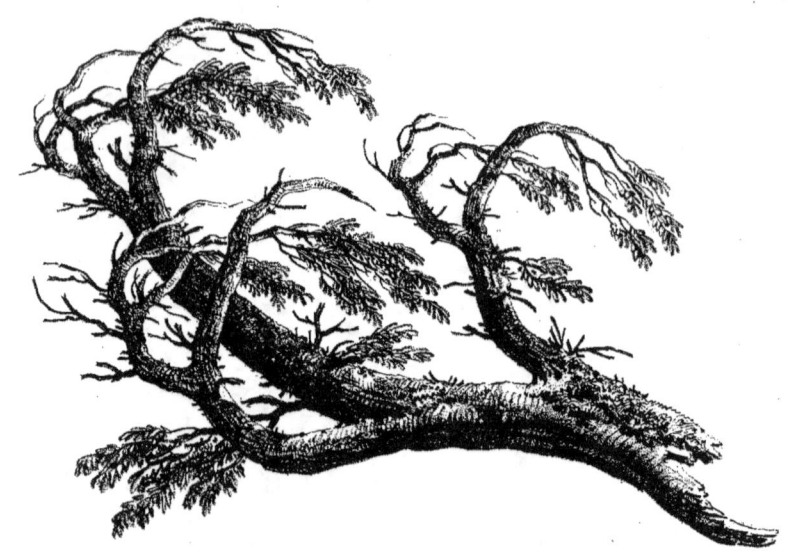

7.ᵐᵉ Planche du Cinquieme Cahier.

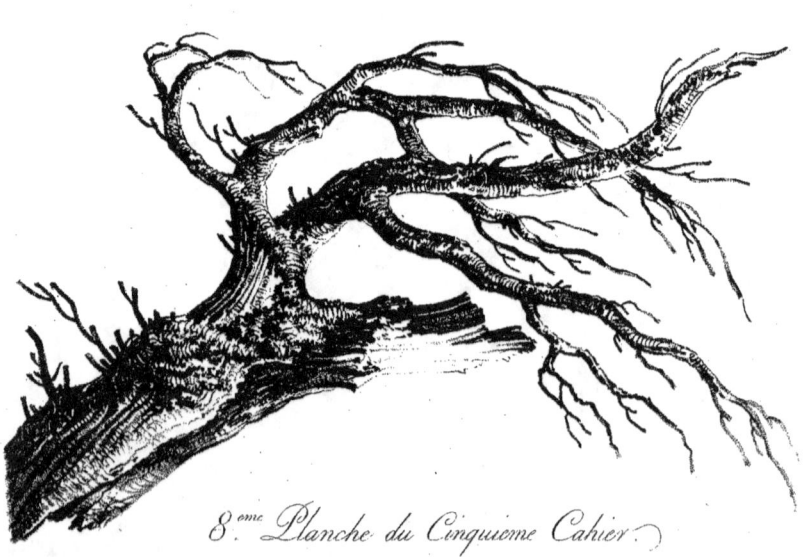

8.ᵉᵐᵉ Planche du Cinquieme Cahier.

EXPLICATION DES PRINCIPES

CONTENUS DANS LE SIXIEME CAHIER.

Les rochers, comme tout ce qui comprend le Paysage, demandent une touche spirituelle et facile: leur forme est généralement anguleuse; ce qu'il faut tacher de saisir afin d'en obtenir le caractère: il est aussi essentiel de s'accoutumer de bonne heure à prendre les grandes masses, pour pouvoir ensuite les faire d'après nature avec quelque facilité.

Dans l'intention d'indiquer la route qu'on doit suivre pour parvenir à copier ces rochers, ainsi que tout autre sujet de ce genre, on a donné pour le même dessin deux planches, dont l'une ne présente presque que l'esquisse, tandis que dans la seconde on voit les morceaux réunis et achevés. Le rocher marqué A, indique la manière de mettre ensemble; celui B, celle de mettre au trait et d'établir la première masse; et la lettre C, la marche progressive que l'on doit suivre pour terminer.

La première planche étant principalement pour servir de guide, on peut faire et l'on fera même bien, après l'avoir comparée attentivement avec la seconde, de faire son dessin sur cette dernière, toutefois en ayant soin de ne prendre que les traits principaux qu'on y aura dû remarquer, et qui sont justement ceux présentés dans la première. On commencera donc par tracer légèrement et en totalité la place de son dessin, avec de simples lignes; ensuite par-dessus cette même place on cherchera à indiquer les plus grandes formes de la manière dont il est démontré à la lettre A, sans s'occuper des autres détails. Lorsque l'on croira ne point s'être trompé dans l'ensemble général, on arrêtera par un trait plus ferme les détails les plus apparents; ensuite on établira les principales masses, et toujours dans la totalité de son dessin, ainsi que le présente le rocher marqué B.

En mettant ces principales masses il faut prendre garde à ne pas perdre les traits indicatifs, tels que ceux des grandes crevasses; cela fait on finira progressivement comme on le voit par celui marqué C, en cherchant à mettre l'effet de l'original.

On fera attention en mettant les touches que ce soit avec fermeté et beaucoup de franchise, et à bien faire sentir les parties anguleuses; c'est ce qui donne aux rochers le caractère qui leur est propre.

Les petits détails ne doivent se mettre qu'après avoir achevé les autres parties. Ces dernières touches sont l'esprit et le goût qui font le charme du Paysage.

On suivra le même principe pour les autres planches.

Quant à la manière de faire les arbres et leur tronc, il faut voir ce qui a été dit dans les cahiers précédents.

Avant de finir nous croyons devoir répondre à quelques personnes qui ont fait la remarque, et ont semblé même nous reprocher d'avoir donné à la fin du quatrième cahier des exemples plus avancés, et plus difficiles que ceux offerts dans la cinquième livraison: cette réflexion très juste avoit été pressentie par nous, en disant précédemment que l'envie de faire appercevoir promptement aux élèves le but et le résultat de notre méthode, nous a fait devancer le terme où nous devions en présenter l'ensemble; le desir bien plus vif encore de désennuyer l'écolier des principes arides dont il ne sent pas toujours l'importance nous a fait écarter un moment de la méthode que nous nous étions imposée et que nous ne devions développer que progressivement: ces motifs ont dû trouver grace auprès de nos souscripteurs; et d'ailleurs le soin que nous avons pris de remettre au cahier suivant les objets faisant partie rigoureuse de la marche que nous nous sommes prescrite, doit avoir convaincu que le desir de plaire a pu seul nous faire tomber dans ce léger inconvénient déja réparé.

La septième livraison est composée de plusieurs rochers ornés de branchages et d'arbres formant tableau, d'un chêne et son tronc dans ses détails et son ensemble, et d'une planche des principes de son feuillé.

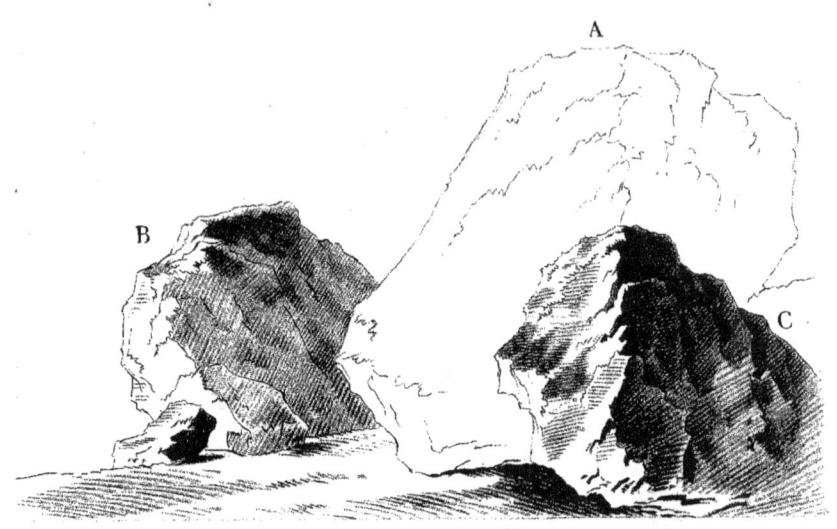

1.re *Planche du Sixième Cahier.*

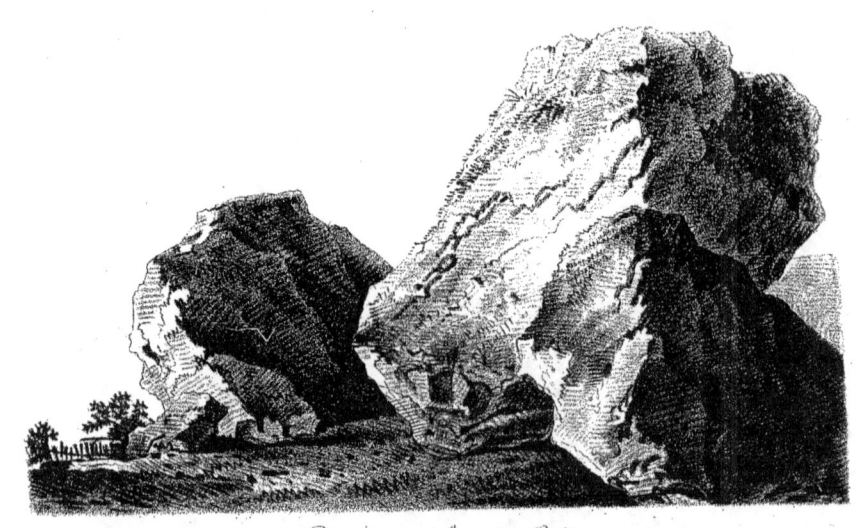

2.eme *Planche du Sixième Cahier.*

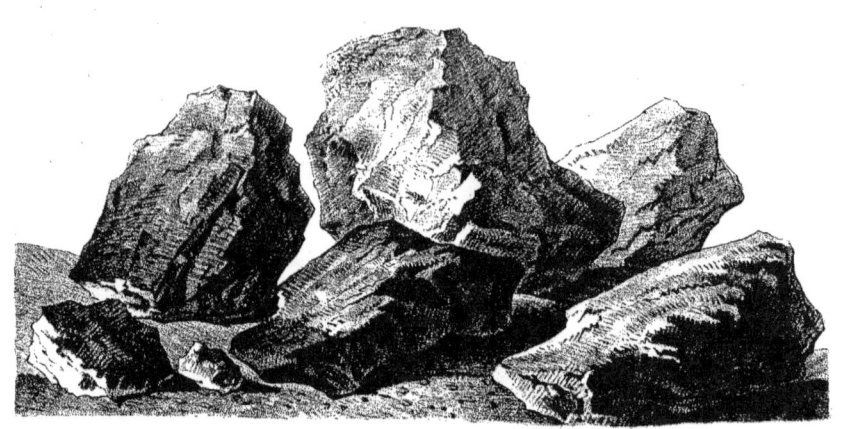

3.eme Planche du Sixième Cahier

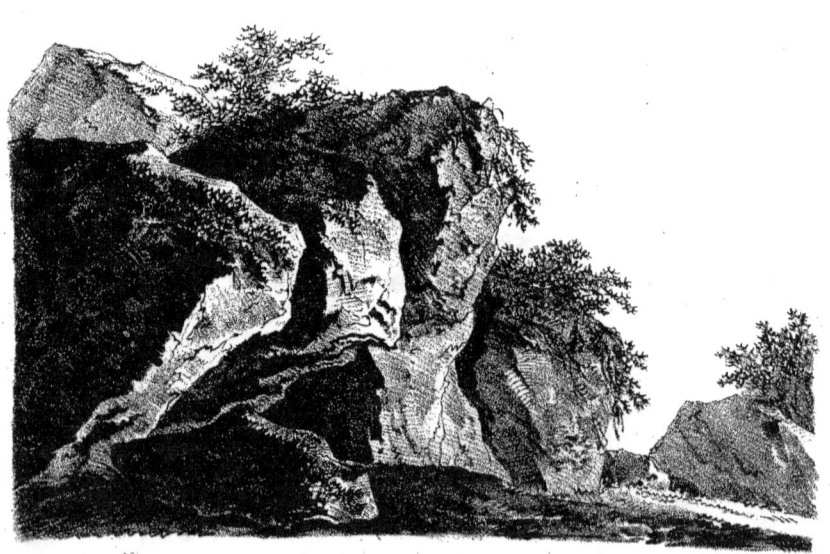

4.eme Planche du Sixième Cahier

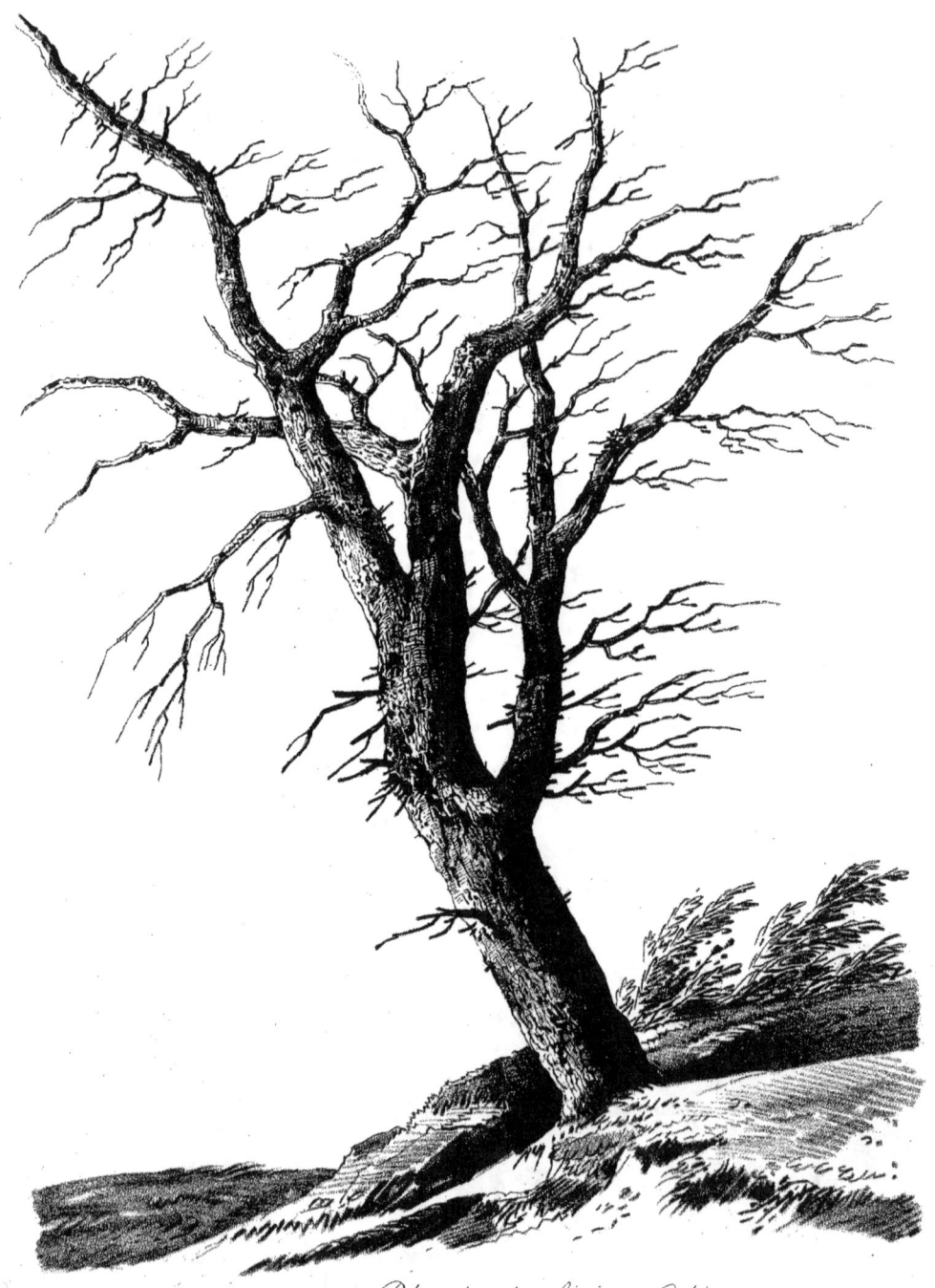

5.ᵐᵉ & 6.ᵉᵐᵉ Planche du Sixieme Cahier.

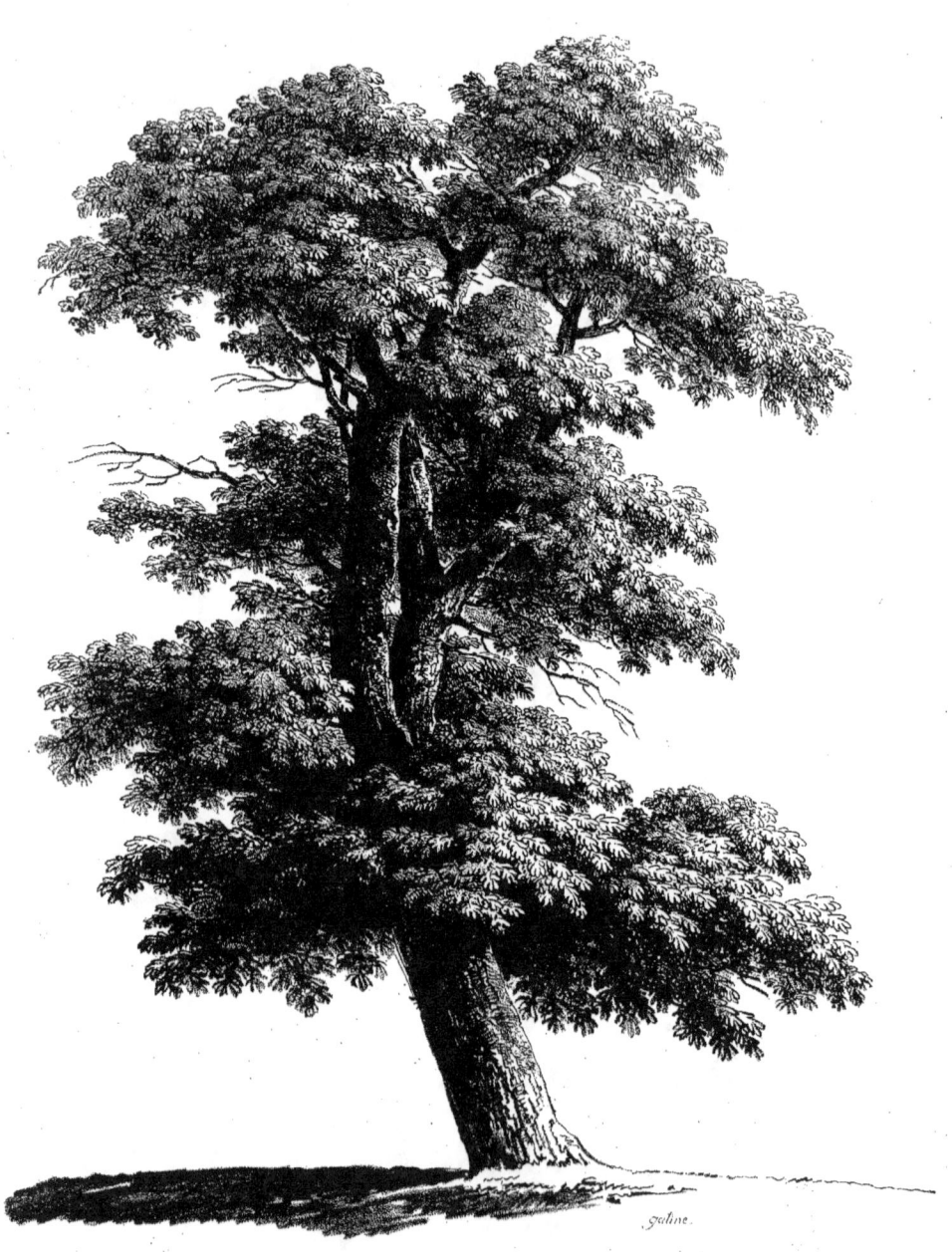

galine.

NOYER

7.eme & 8.eme Planche du Sixieme Cahier

EXPLICATION DES PRINCIPES

CONTENUS

DANS LES SEPTIEME ET HUITIEME CAHIERS.

SEPTIEME CAHIER.

Les trois premières planches de ce cahier sont composées de rochers enrichis d'arbres, et commençant à former tableaux. Les principes étant les mêmes pour l'exécution de ces planches que pour celles qui les ont précédées, pour ne point nous répéter, nous engageons les Élèves à voir ce qui a été dit au sixieme cahier.

QUATRIEME PLANCHE.

Cette planche représente le principe du feuillé du chêne. Nous n'entrerons pas dans des explications aussi détaillées que celles que nous avons développées pour les premières leçons de cet ouvrage, supposant que celui qui copiera celle-ci a déja étudié toutes les autres, et qu'il a sûrement acquis la conception, et par suite la facilité d'exécution qui nous en dispense; mais nous dirons que les principes et les moyens pour dessiner le feuillé du chêne sont à-peu-près les mêmes que pour celui du noyer, avec cette différence que les contours des masses doivent être tracés en-dehors pour caractériser la feuille du noyer, et en-dedans pour celle du chêne. Nous en offrons l'exemple à l'appui du précepte.

Quant aux différentes petites masses qui sont sur cette planche, elles se font, comme les autres, en serrant le mouvement de la main de manière à ne point laisser de jour; nous nous sommes assez expliqués précédemment à cet égard.

CINQUIEME ET SIXIEME PLANCHES.

Une des choses principales qui caractérisent le tronc du chêne est sa forme tortueuse, qu'il est bien essentiel de saisir dans ses contours, afin de lui donner toute la perfection qu'il doit avoir, sans négliger sur-tout de bien rendre la légèreté des petites branches qui se détachent sur le ciel.

SEPTIEME ET HUITIEME PLANCHES.

Le chêne est un arbre pittoresque, et peut-être un des plus difficiles à dessiner ; il demande plus que tout autre une touche spirituelle, pour rendre l'effet qu'il doit produire : on ne peut y parvenir qu'en plaçant les parties les plus fortes des masses d'ombre près du corps de l'arbre, en les dégradant jusqu'aux extrémités; observant avec soin que plus les masses s'éloignent de l'œil, plus elles doivent perdre de leur vigueur, et être faites d'une manière vague et légère.

HUITIEME CAHIER.

Les trois premières planches de ce cahier sont consacrées à des terrasses, dont l'étude n'est pas moins nécessaire que les autres parties du paysage, puisqu'elles doivent donner les premières notions de l'effet. Quant au principe, il est le même que celui indiqué pour les rochers ; il faut commencer par mettre la place, ensuite l'ensemble, et finir en établissant les premières masses. L'effet se trouvera en observant avec soin la dégradation des ombres et des clairs, en faisant attention que les grandes vigueurs, soit comme masse, soit comme couche, doivent être sur les premiers plans. A mesure que les objets fuient, leur forme doit être indécise, et les détails disparoître, en n'offrant plus à l'œil que des masses vagues.

QUATRIEME PLANCHE.

Cette planche présente les principes du feuillé du peuplier; la branche du milieu est pour donner une idée de sa feuille, et de la manière dont elle s'attache. Pour parvenir à faire le feuillé de cet arbre, il faut suivre à-peu-près le même principe que celui indiqué pour les masses de noyer vues de côté, avec cette différence qu'elles se font presque horizontalement, et que celles du peuplier doivent se faire verticalement, en commençant de bas en haut.

SEPTIEME ET HUITIEME PLANCHES.

La manière de dessiner le peuplier et son tronc se trouve dans les principes que nous avons développés précédemment pour les arbres que nous avons fait successivement paroître; nous ne croyons pas devoir d'autres détails à l'intelligence des Elèves qui auront suivi graduellement notre manière de démontrer et de faciliter l'exécution des exemples que nous joignons aux préceptes; seulement nous ajouterons ici que la forme du peuplier, élégante et noble, étant son principal ornement et son caractère particulier, il faut s'attacher à lui donner tous ces avantages.

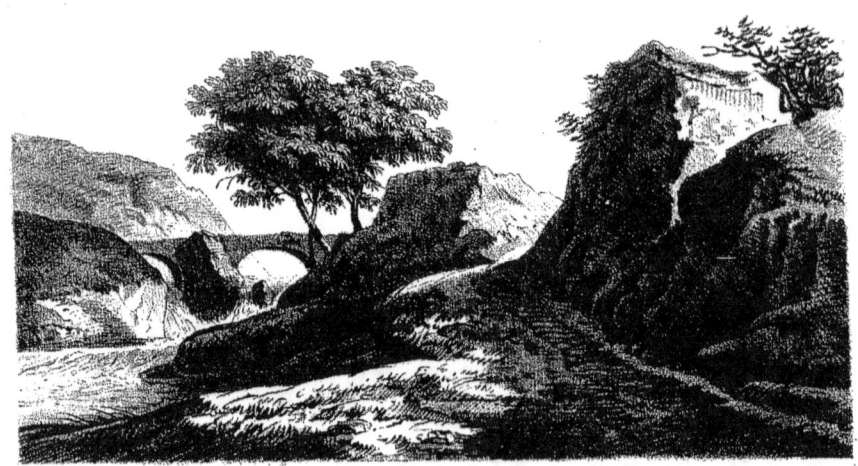

1.ᵉʳᵉ Planche du Septième Cahier

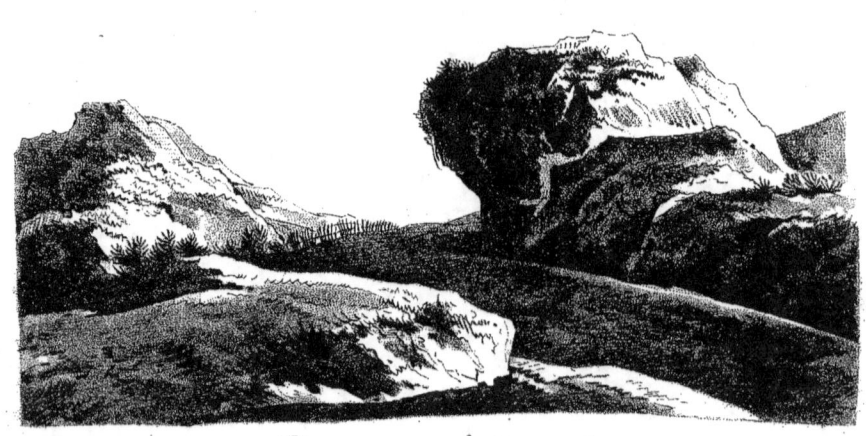

2.ᵉᵐᵉ Planche du Septième Cahier

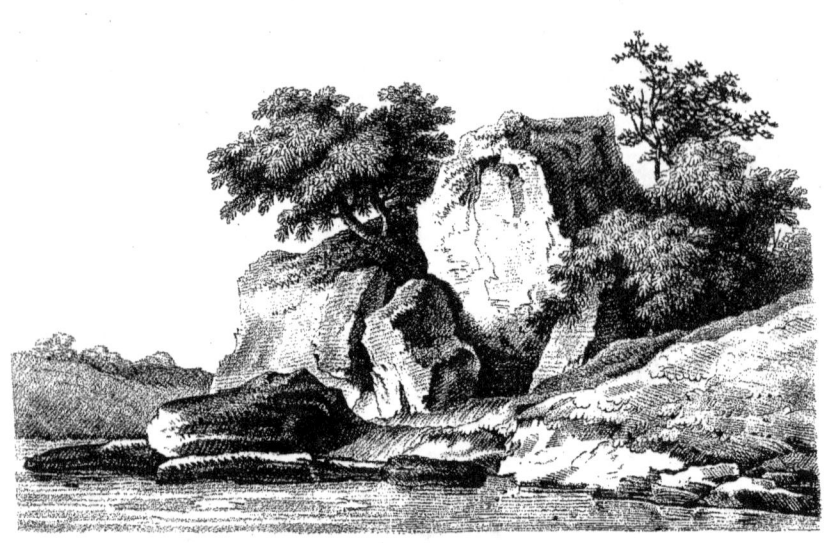

3.eme *Planche du Septieme Cahier*.

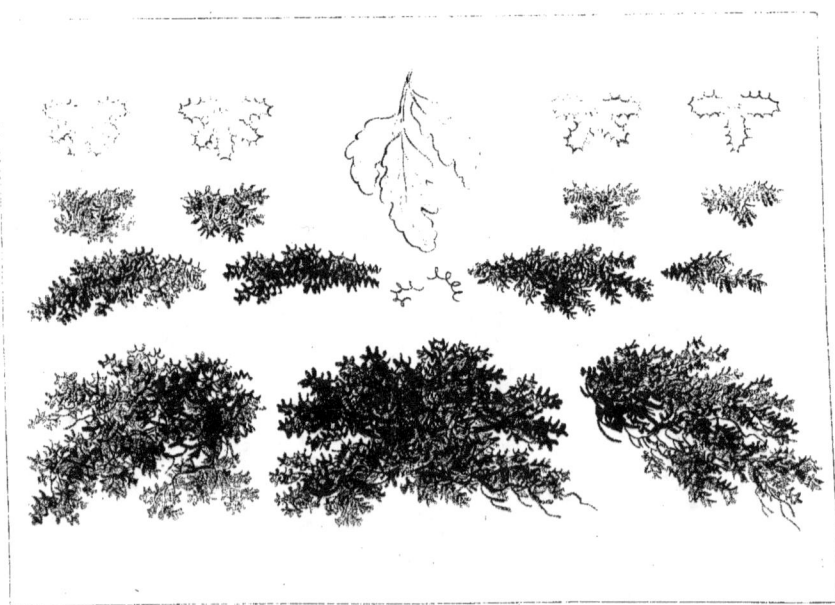

4.eme *Planche du Septieme Cahier*.

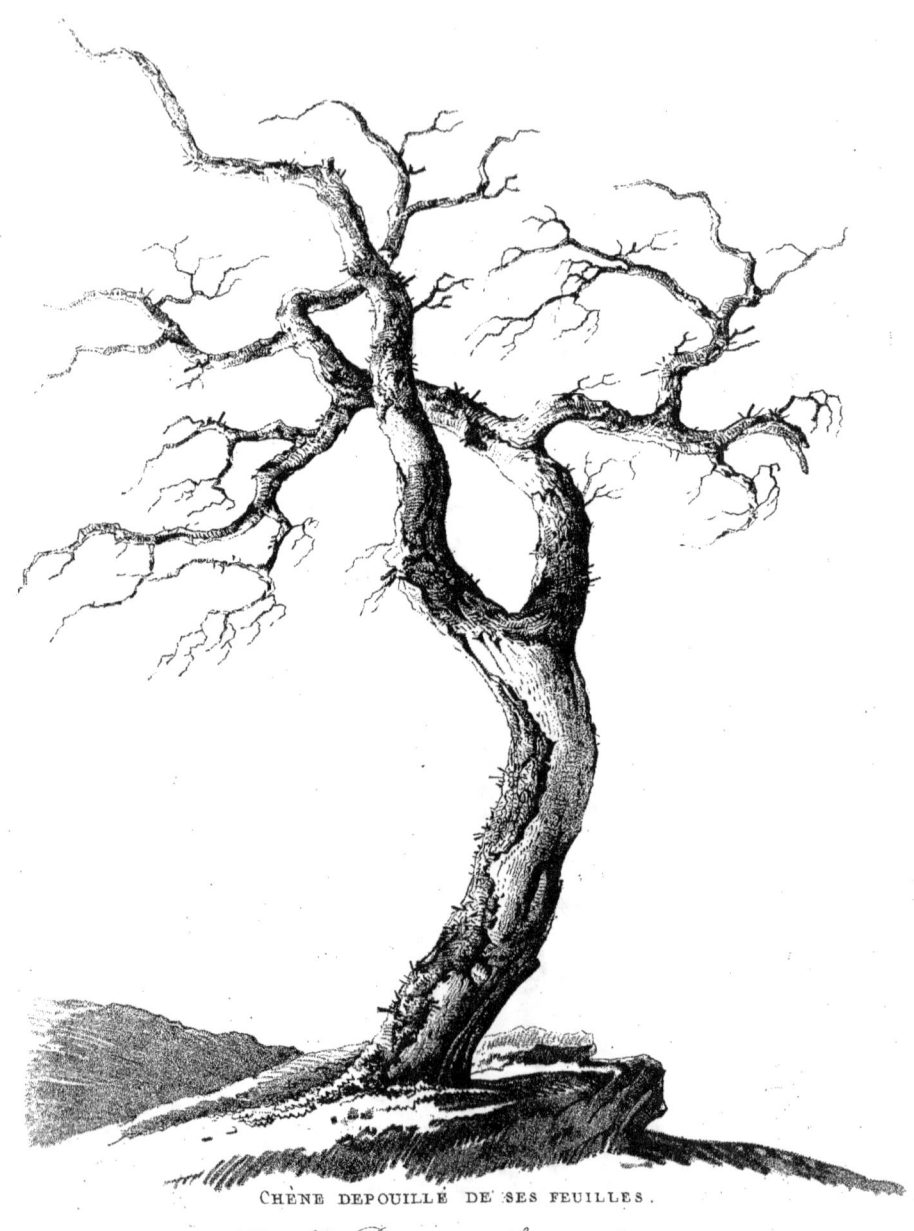

CHÊNE DEPOUILLÉ DE SES FEUILLES.

5.ème & 6.ème Planche du Septième Cahier

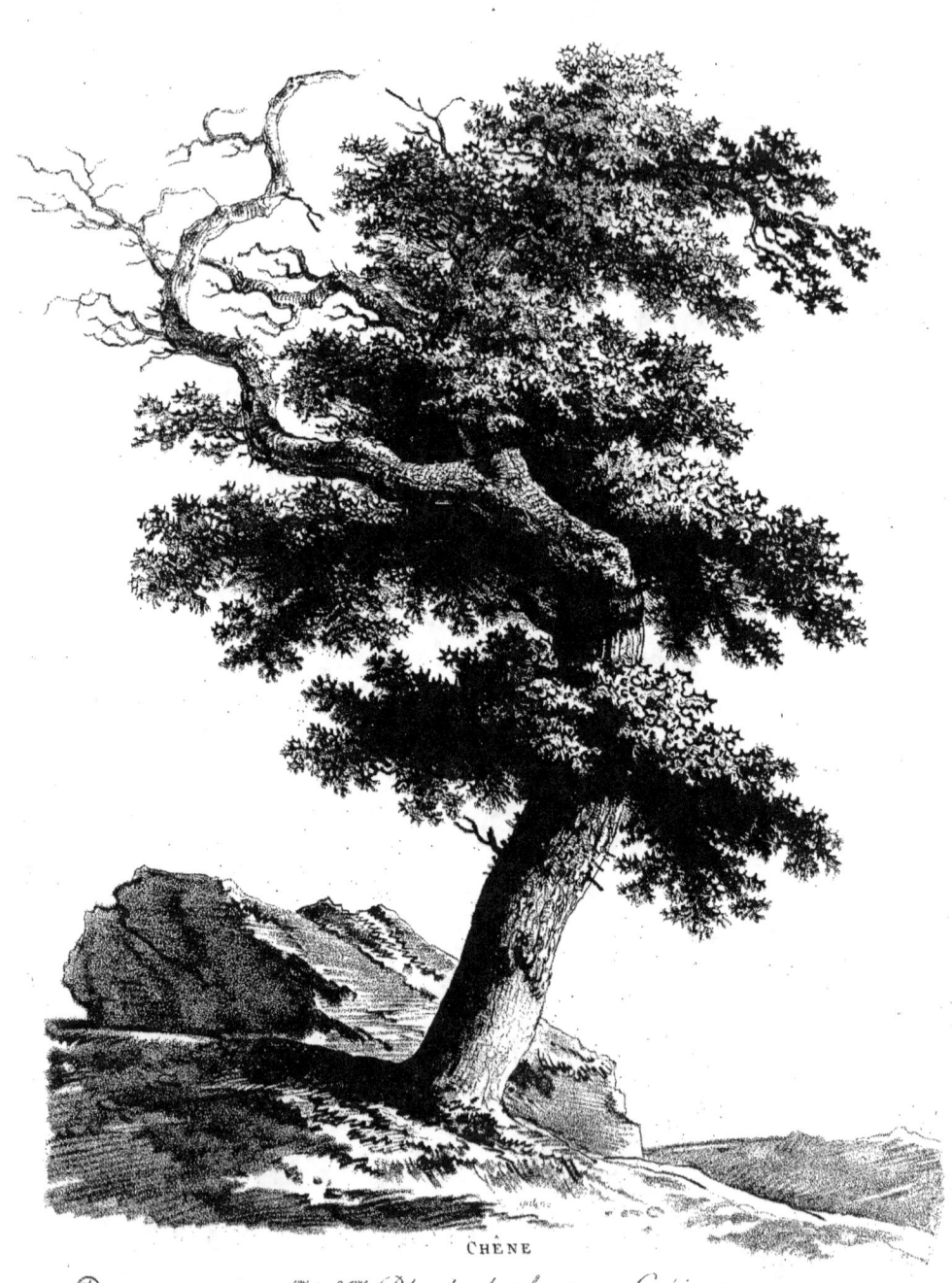

CHÊNE

7.ᵐᵉ & 8.ᵉᵐᵉ Planche du Septieme Cahier

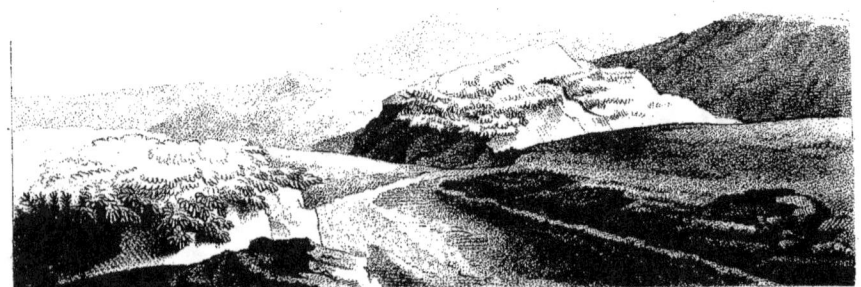

1.re Planche du Huitième Cahier

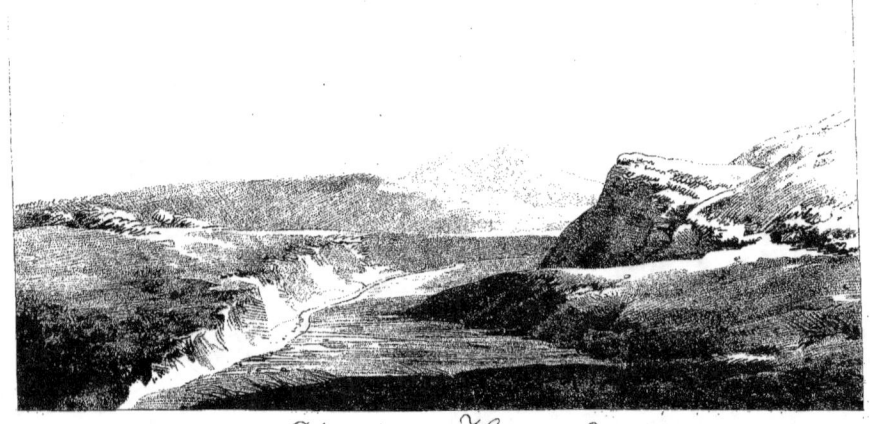

2.eme Planche du Huitième Cahier

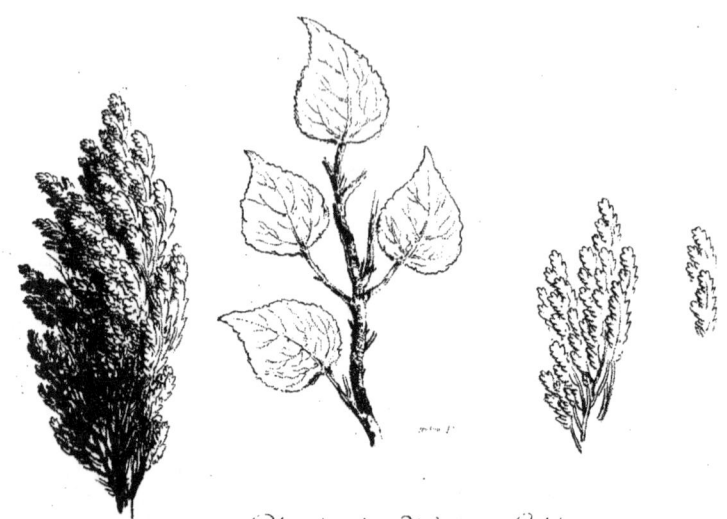

3.me *Planche du Huitieme Cahier*

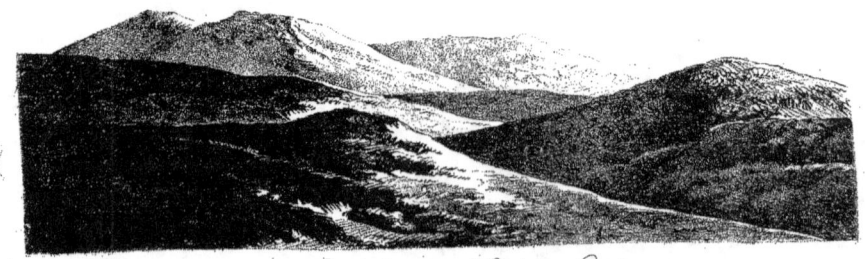

4.me *Planche du Huitieme Cahier*

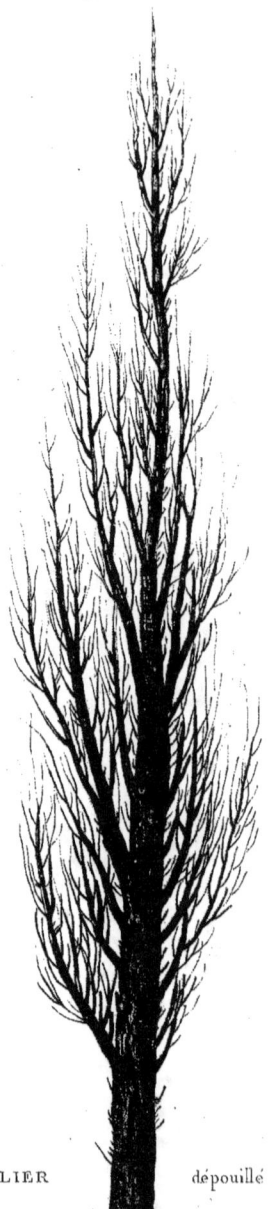

PEUPLIER   dépouillé de ses feuilles.

5.ème & 6.ème Planche du Huitième Cahier

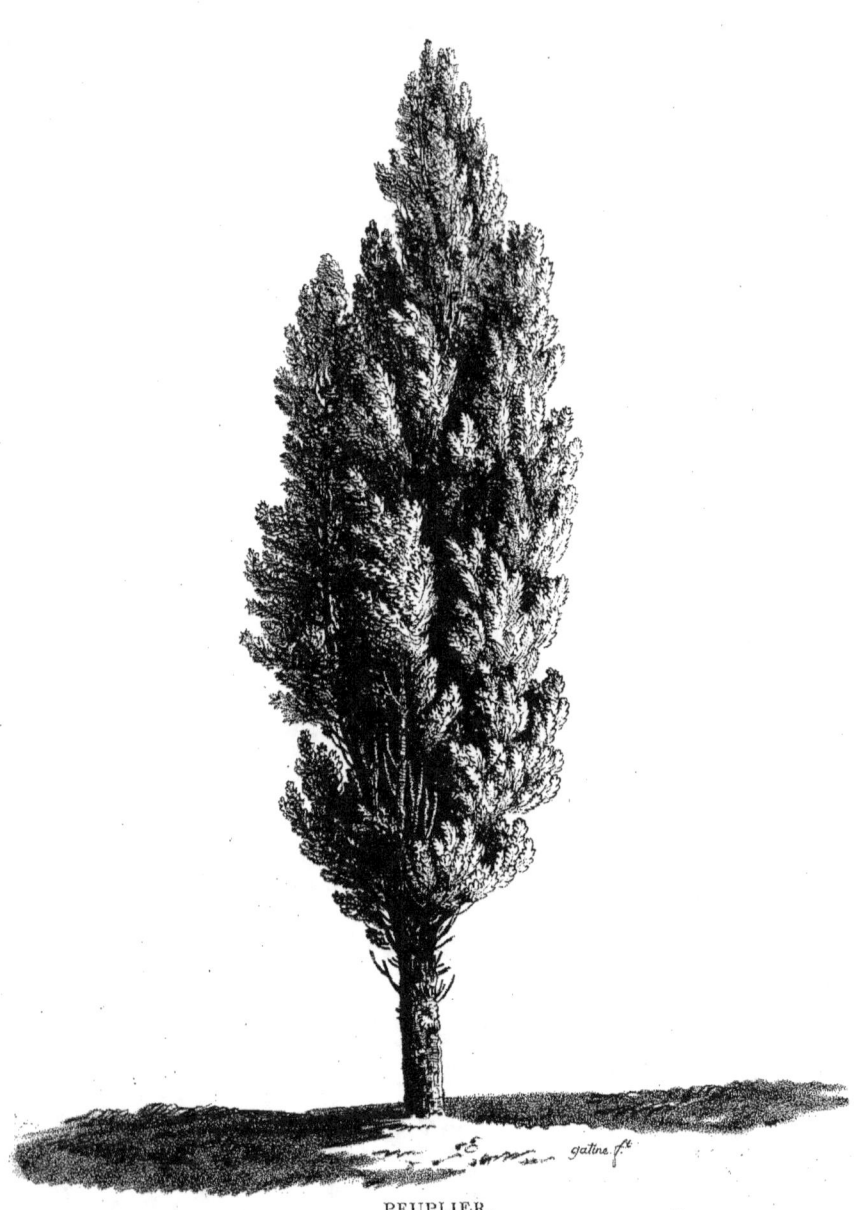

PEUPLIER.

7.eme & 8.eme Planche du Huitieme Cahier

EXPLICATION DES PRINCIPES

CONTENUS

DANS LES NEUVIEME ET DIXIEME CAHIERS.

La lettre A, désigne la branche et ses feuilles vues isolément. Les autres lettres indiquent l'ordre à suivre dans les études.

DU SAULE EXOTIQUE.

La feuille de cet arbre est longue et étroite, attachée à des branches petites et extrêmement faibles, qui, surchargées de *feuillé*, tendent vers la terre en décrivant une ligne oblique. En copiant exactement les troisième et quatrième exemples du deuxième cahier, on parviendra sans peine à dessiner ce genre d'arbre, en observant toutefois la différence dans la direction des feuilles et dans leur forme.

DU SAULE INDIGENE.

Le saule indigene, différant fort peu de l'exotique, qui saura faire l'un, fera sans peine l'autre; la forme des branches et la direction des feuilles sont les seules choses à observer.

PIN ET SAPIN.

Ces deux arbres n'ayant pour feuilles que des pointes très menues, il ne sera rien dit à ce sujet. On donnera seulement des détails explicatifs pour mettre à portée de dessiner ces deux genres d'arbres.

Quant aux terrasses, ce que nous avons dit dans le cahier précédent nous paraît suffisant.

Nota. Les onzième et douzième cahiers, qui compléteront les études, seront composés de Paysages et Vues, où seront rassemblés les objets détaillés successivement dans les dix premiers cahiers.

On publiera quelque temps après un très petit nombre de cahiers composés de quelques Paysages d'idée, et de quelques sites ou vues agréables. Ces cahiers seront destinés aux Elèves qui voudront se perfectionner dans ce genre de dessin. C'est annoncer le soin qu'on apportera soit dans le choix des sujets, soit dans l'exécution.

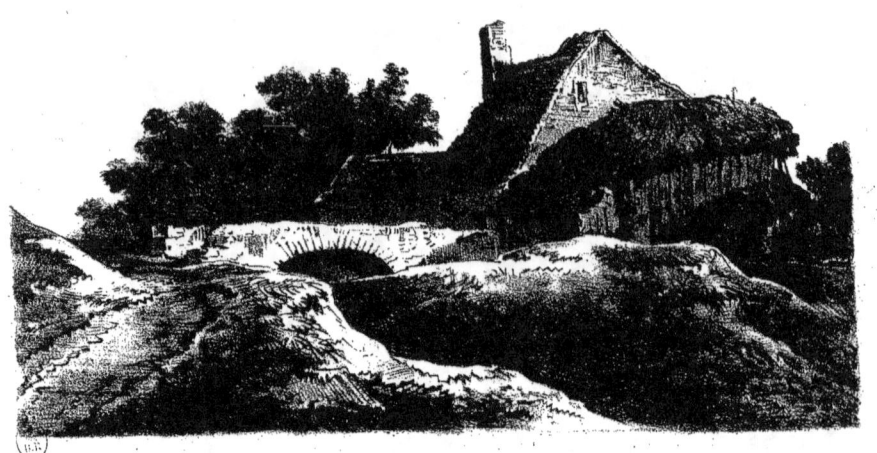

1.ᵉʳ Planche du Neuvieme Cahier

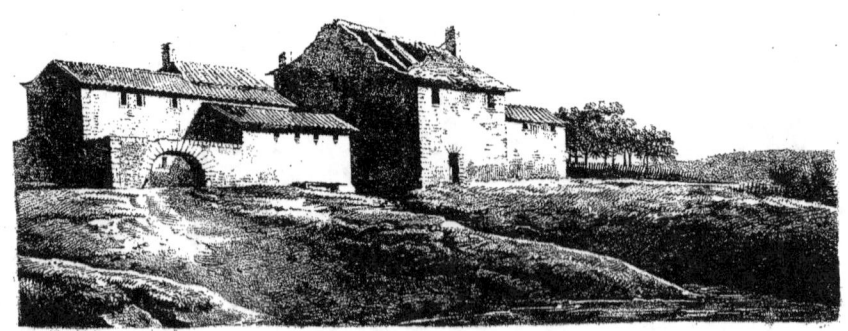

2.ᵉᵐᵉ Planche du Neuvieme Cahier

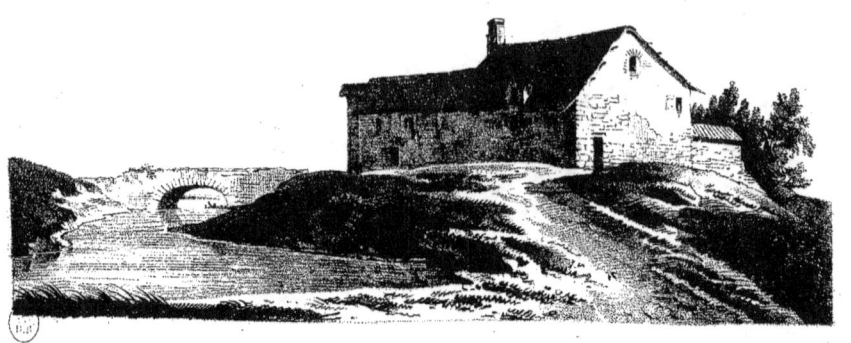

3.eme Planche du Neuvieme Cahier

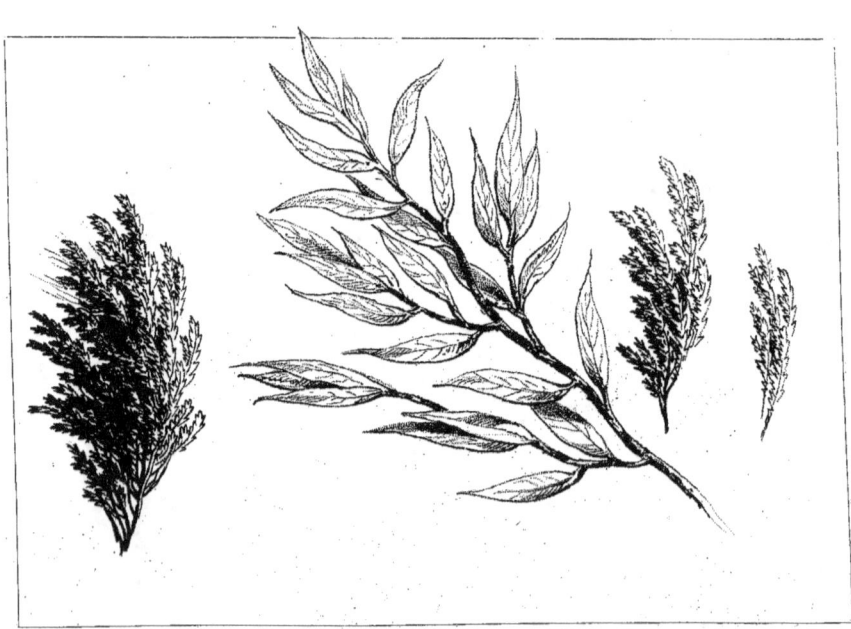

BRANCHES ET FEUILLES DU SAULE INDIGÈNE.

4.eme Planche du Neuvieme Cahier

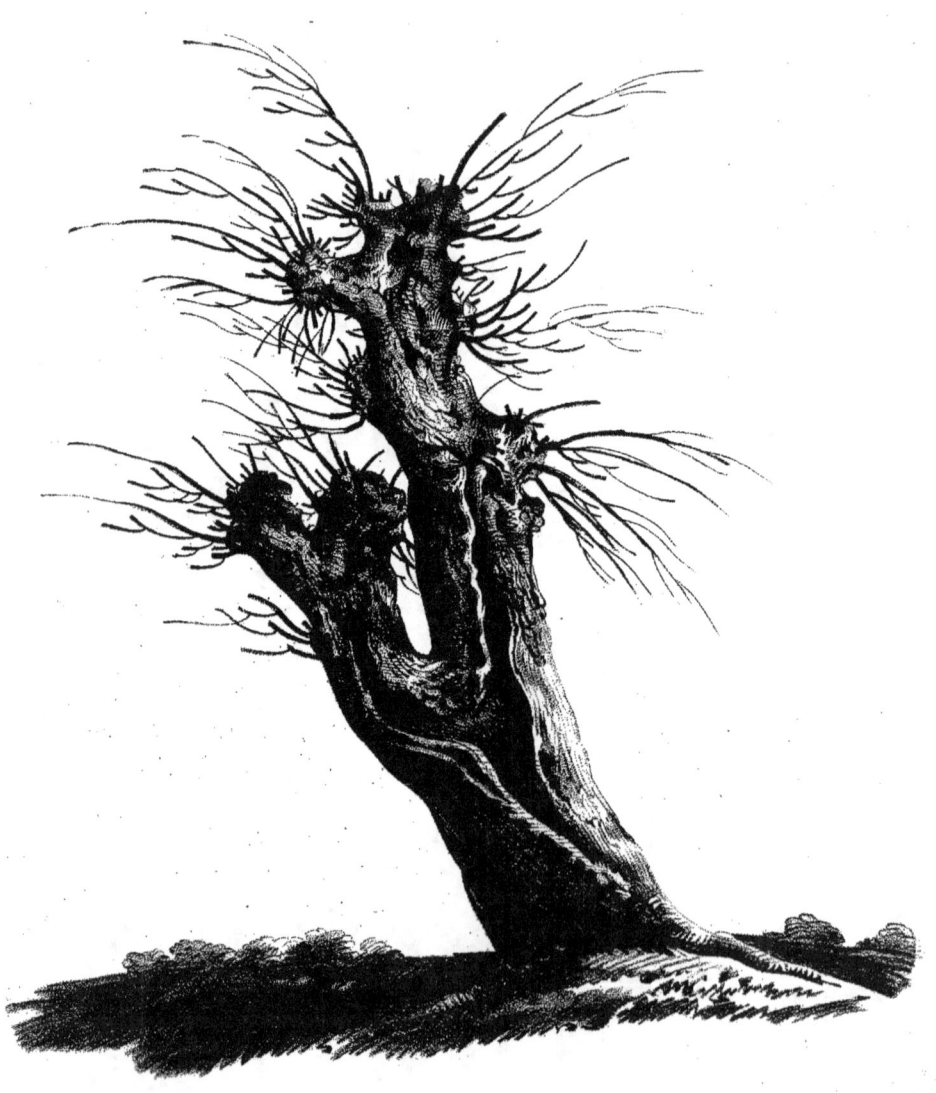

SAULE INDIGENE

depouillé de ses feuilles.

5.eme & 6.eme *Planche du Neuvième Cahier*

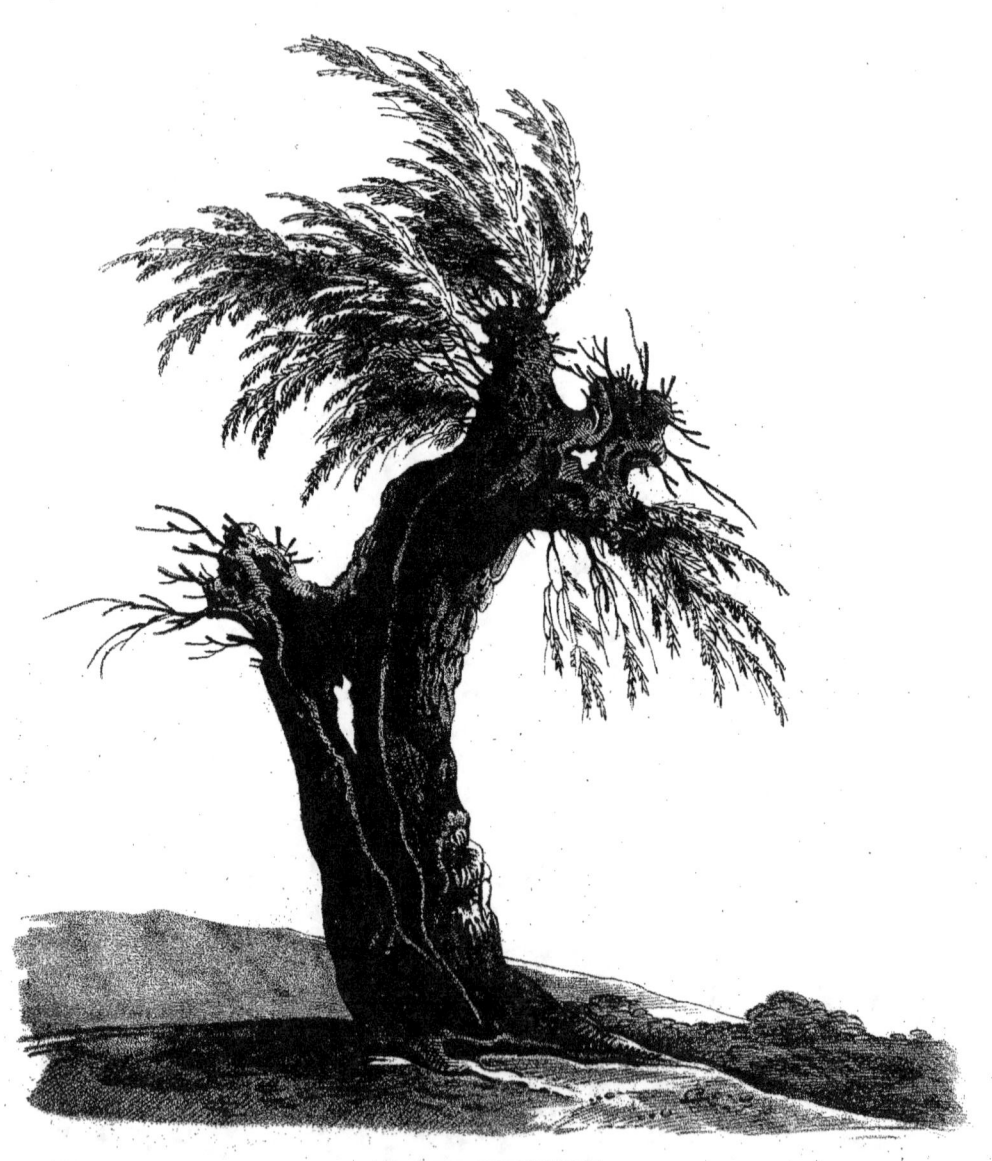

SAULE INDIGENE.

7.eme & 8.eme Planche du Neuvieme Cahier

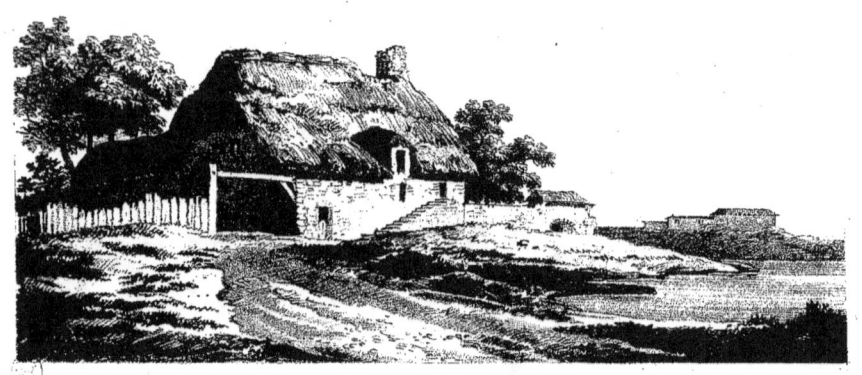

1ᵉʳ Planche du Dixieme Cahier

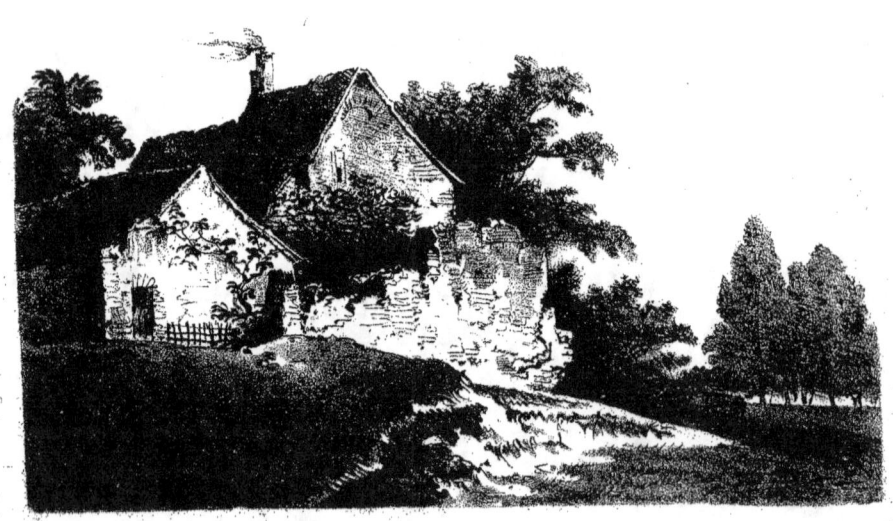

2.ᵉᵐᵉ Planche du Dixieme Cahier

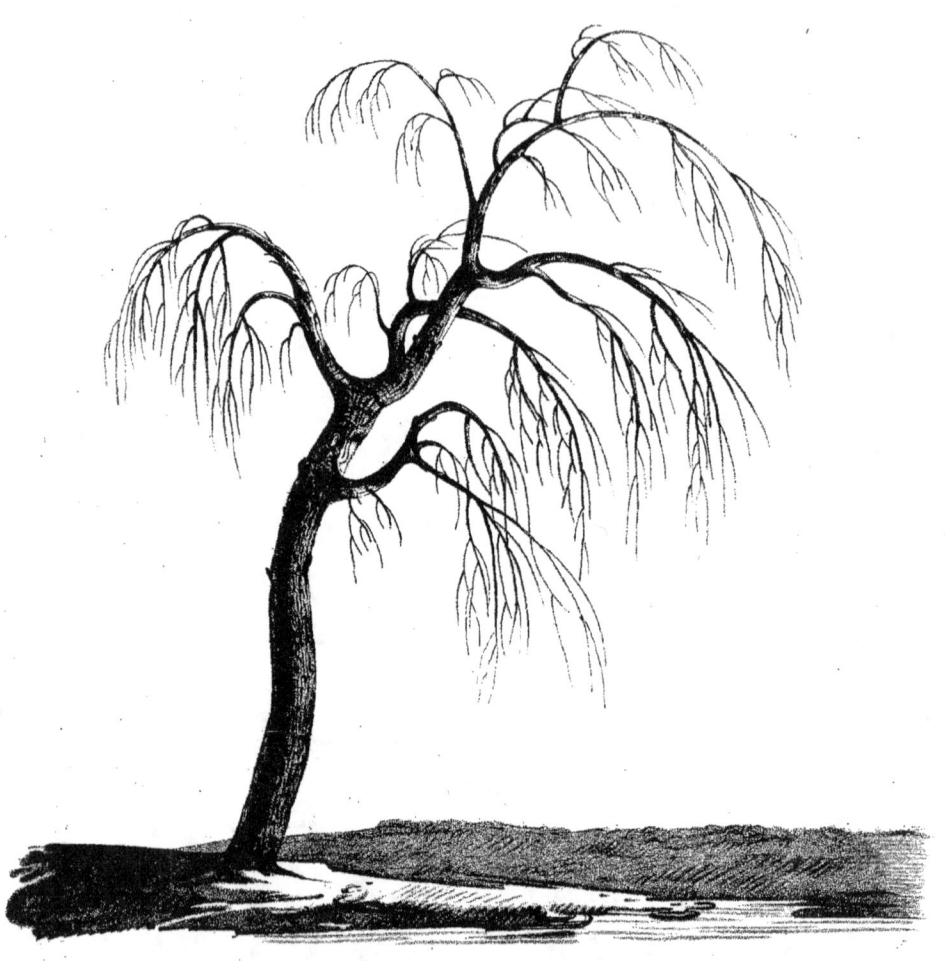

SAULE PLEUREUR.

depouillé de ses feuilles.

5.eme & 6.eme Planche du Dixieme Cahier.

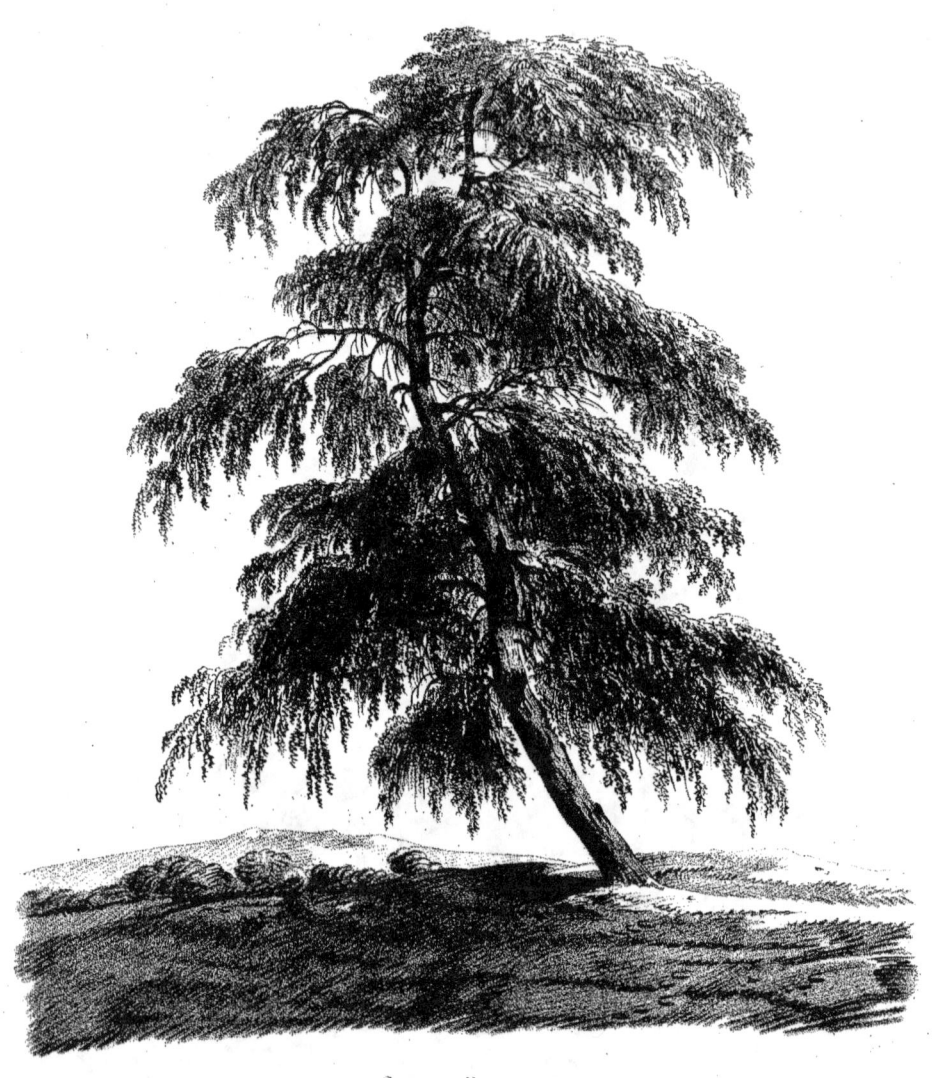

SAULE EXOTIQUE.

7.ᵉᵐᵉ & 8.ᶜᵐᵉ Planche du Dixieme Cahier.

ONZIEME ET DOUZIEME CAHIERS

QUI TERMINENT LES PRINCIPES RAISONNÉS DU PAYSAGE.

Notre but en publiant cet ouvrage a été de sauver, autant qu'il est possible, aux élèves l'ennui inséparable de tous les commencements dans les arts, et de les mettre, par degrés, en état de dessiner d'après nature. Si nous en jugeons par les succès qu'ont obtenus nos travaux, nous avons rempli la tâche que nous nous étions imposée. Nous croyons donc devoir aussi nous borner aux deux Cahiers que nous publions aujourd'hui.

Le *feuillé* est une des premieres et des plus grandes difficultés qu'éprouve toute personne qui se livre à l'étude du paysage; là sur-tout une grande pratique est nécessaire. Voilà pourquoi nous avons consacré les trois premiers cahiers de notre ouvrage à des exemples variés du *feuillé*, donnés pour rompre la main et faire acquérir cette facilité qui fait en grande partie le charme du paysage.

Nous ne saurions trop recommander aux élèves de s'appliquer spécialement à ces détails du *feuillé*. Il est très important pour eux de s'y perfectionner; ce sont les premiers éléments de cette partie, et l'on ne doit pas se lasser de les étudier.

Il faut sur-tout que l'élève se garde de l'impatience trop naturelle, il est vrai, mais non moins nuisible, de vouloir franchir les premieres leçons. La difficulté qu'il éprouve alors amene souvent le dégoût, et l'on étouffe le germe d'un talent que moins de précipitation eût développé.

Ce n'est pas tout que d'étudier, il faut savoir étudier, a dit le fameux Frendzel : et ce principe s'applique à tous les genres de travaux, mais sur-tout aux beaux arts. Nous ne saurions donc trop inviter les élèves à ne laisser passer aucune difficulté sans l'avoir vaincue; et, après avoir arraché les épines, ils auront des sentiers fleuris.

Les principes étant les mêmes, nous renvoyons pour l'explication des planches aux cahiers précédents.

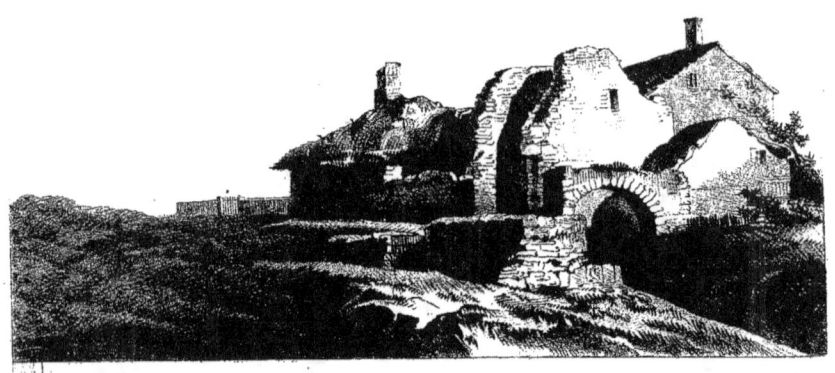

1.ere Planche du Onzieme Cahier

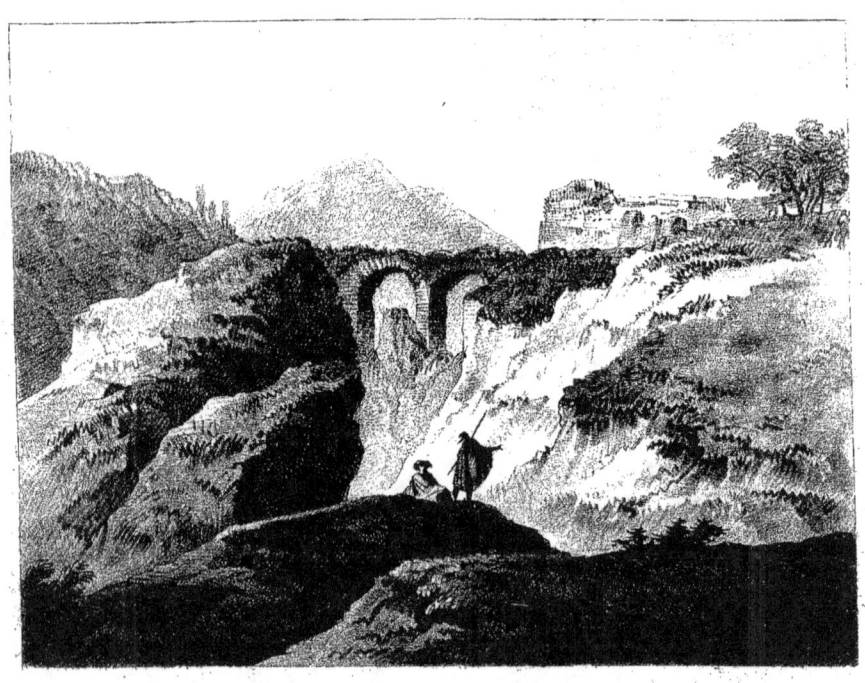

2.eme Planche du Onzieme Cahier

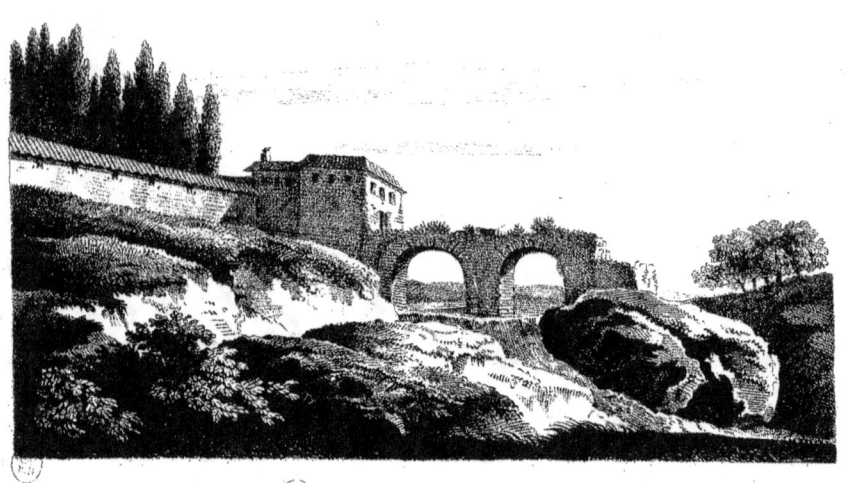

3eme *Planche du Onzieme Cahier*

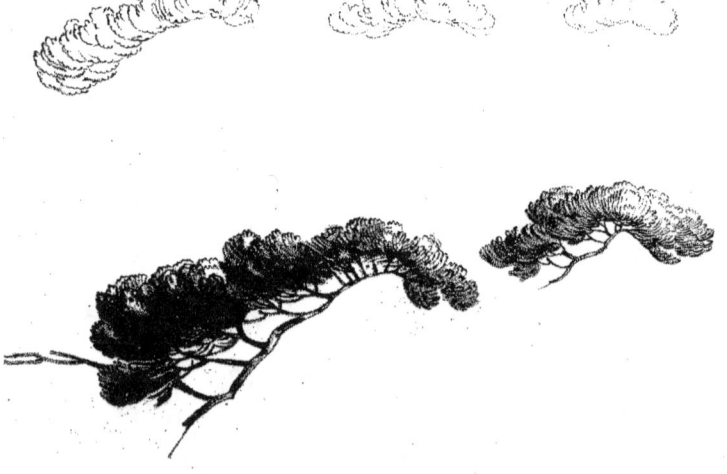

BRANCHES DU PIN CULTIVÉ.

4eme *Planche du Onzieme Cahier*

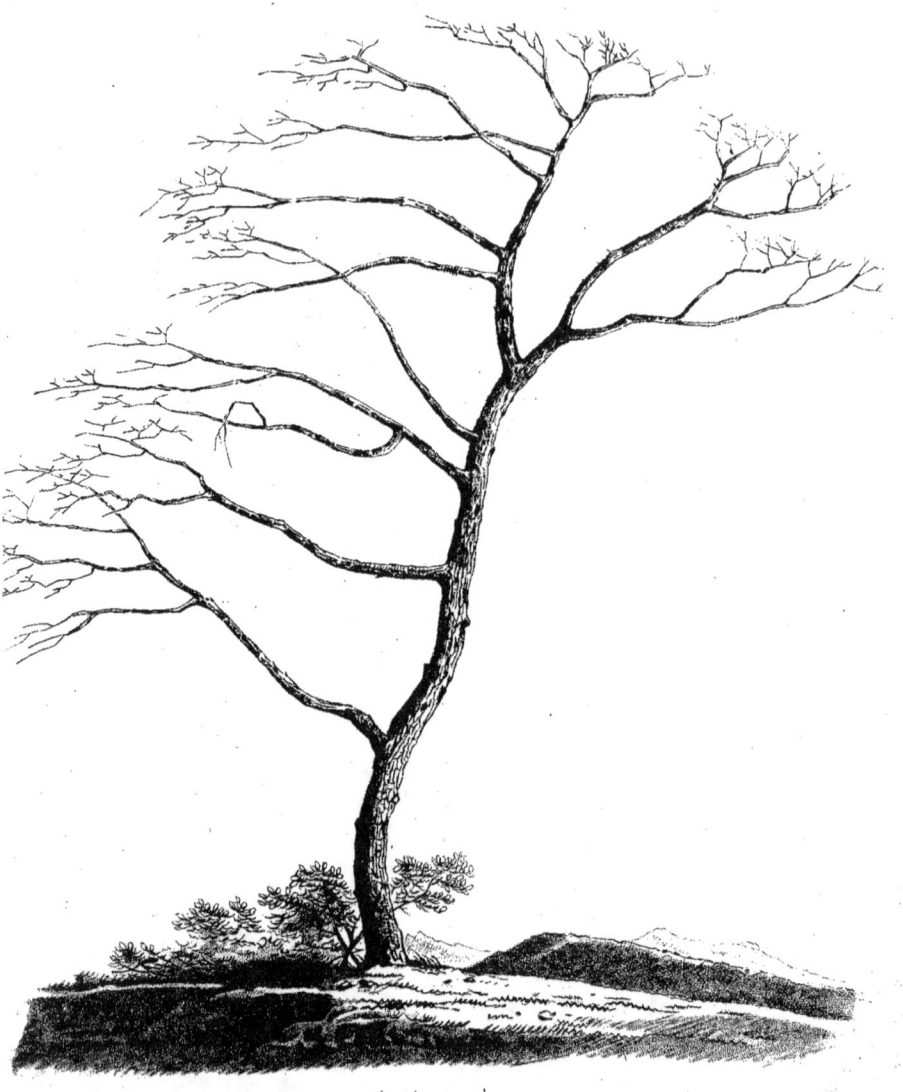

PIN CULTIVÉ DÉPOUILLÉ DE SES FEUILLES

5.e & 6.e Planche du Onzieme Cahier

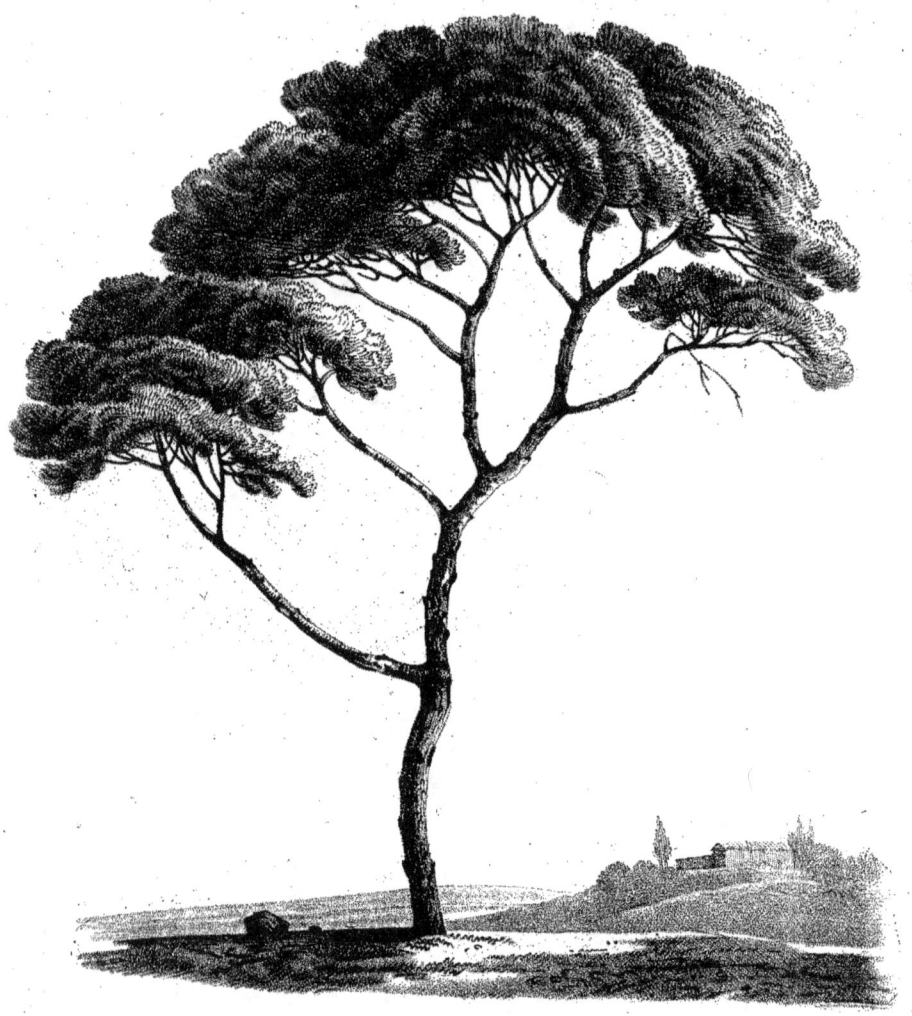

PIN CULTIVÉ.

7.ᵉᵐᵉ & 8.ᵉᵐᵉ Planche du Onzieme Cahier

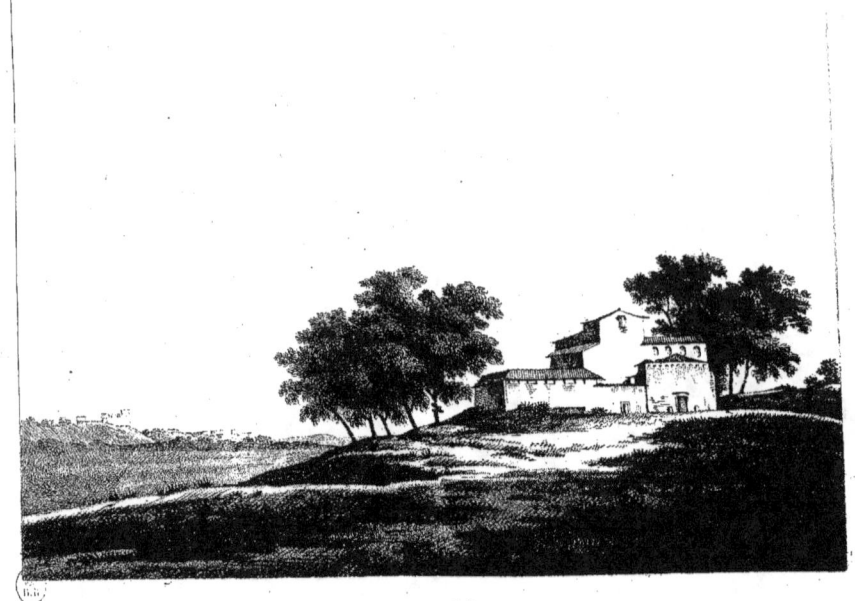

1ᵉʳᵉ Planche du Douzieme Cahier

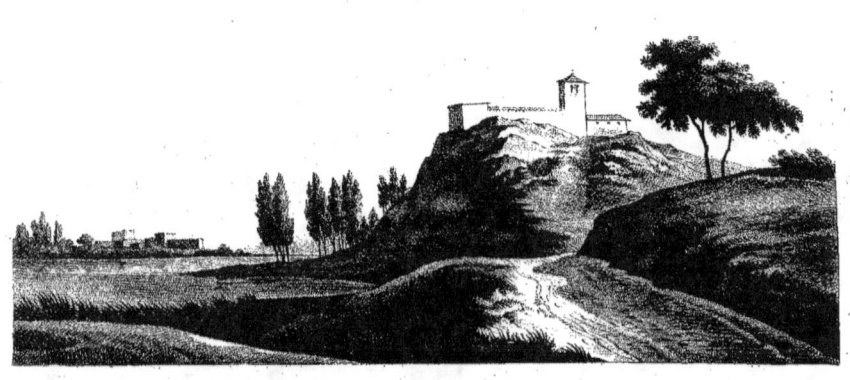

2ᵉᵐᵉ Planche du Douzieme Cahier

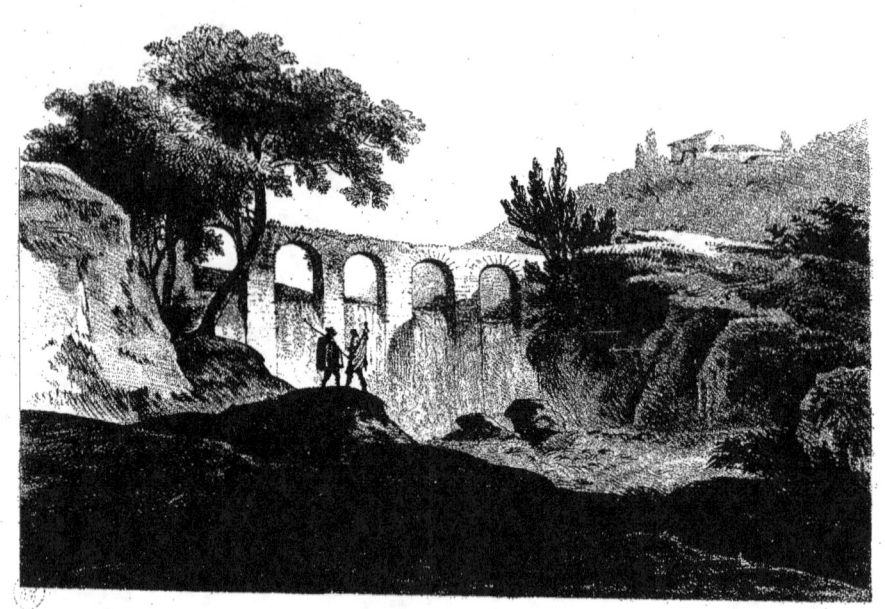

*3.*ᵉᵐᵉ *Planche du Douzieme Cahier*

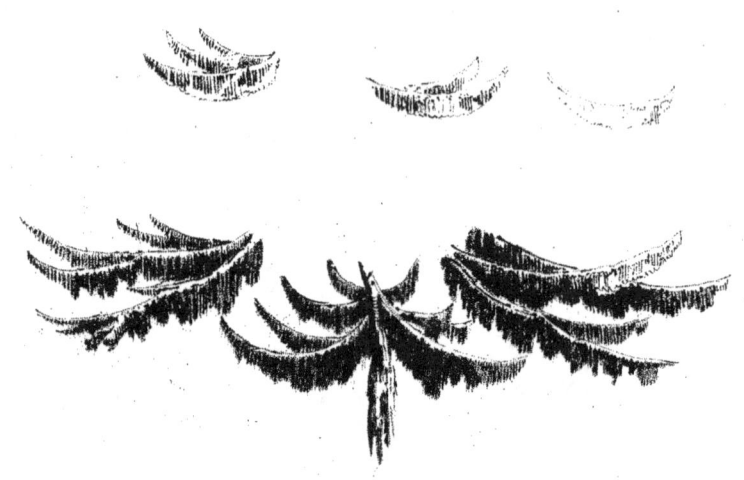

FEUILLÉ DU PIN D'ITALIE.

*4.*ᵉᵐᵉ *Planche du Douzieme Cahier*

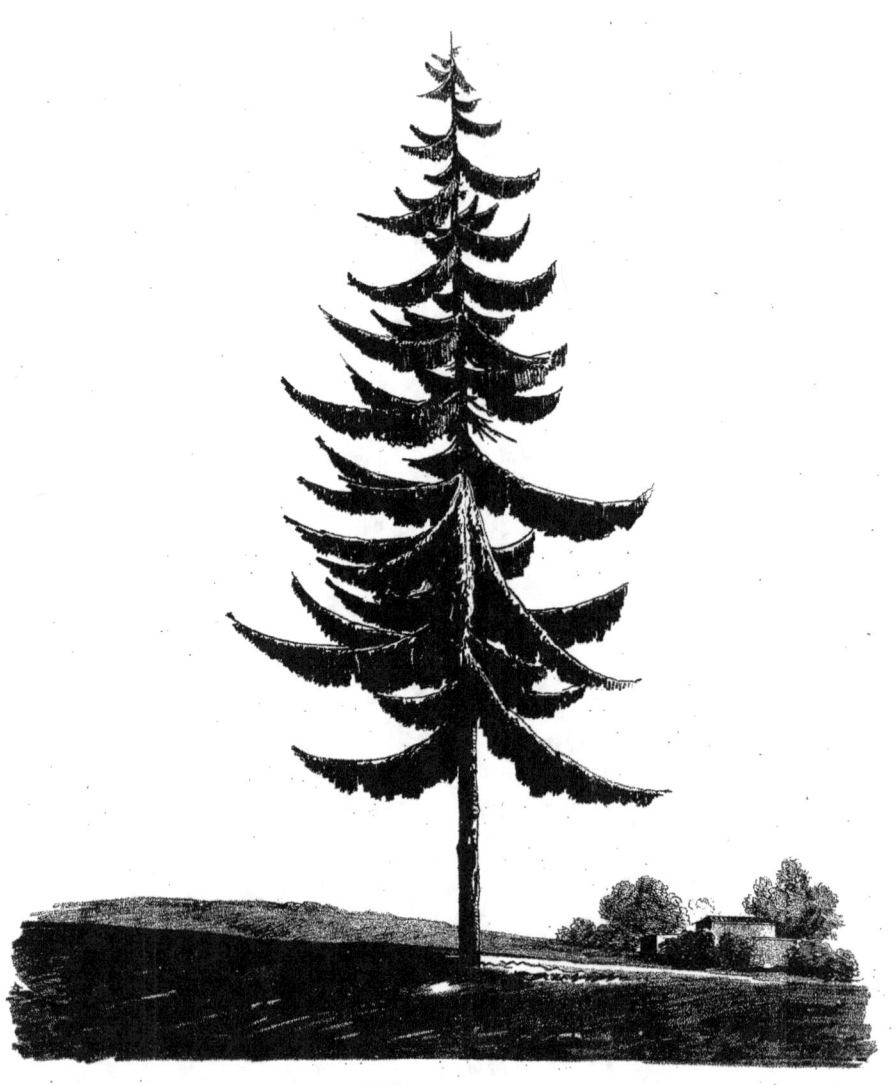

PIN D'ITALIE.

5.eme & 6.eme Planche du Douzieme Cahier

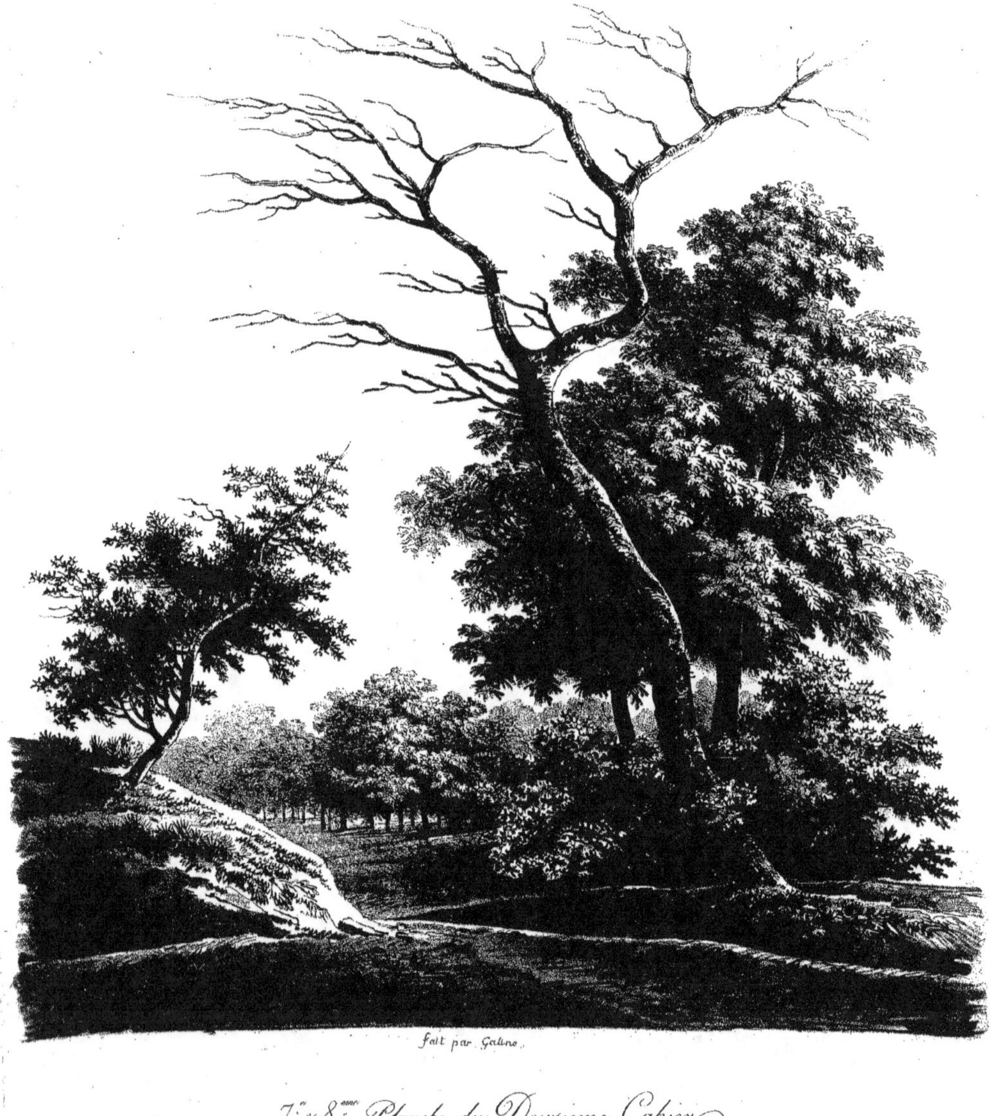

fait par Galino.

7.^e & 8.eme Planche du Douzieme Cahier
(derniere)

www.ingramcontent.com/pod-product-compliance
Lightning Source LLC
Chambersburg PA
CBHW071602220526
45469CB00003B/1096